MAX-PLANCK-INSTITUT
FÜR AUSLÄNDISCHES UND INTERNATIONALES SOZIALRECHT

Zukunftsperspektiven des Europäischen Sozialrechts

Schriftenreihe
für Internationales und Vergleichendes Sozialrecht

Herausgegeben von Bernd Baron v. Maydell, München

Band 14

Zukunftsperspektiven des Europäischen Sozialrechts

Herausgegeben von

Bernd Baron von Maydell
Bernd Schulte

Duncker & Humblot · Berlin

Die Deutsche Bibliothek - CIP-Einheitsaufnahme

Zukunftsperspektiven des Europäischen Sozialrechts /
[Max-Planck-Institut für Ausländisches und Internationales Sozialrecht]. Hrsg. von Bernd Baron von Maydell ; Bernd Schulte. - Berlin: Duncker und Humblot, 1995
(Schriftenreihe für internationales und vergleichendes Sozialrecht ; Bd. 14)
ISBN 3-428-08481-0
NE: Maydell, Bernd Baron von [Hrsg.]; Max-Planck-Institut für Ausländisches und Internationales Sozialrecht ⟨München⟩; GT

Fremddatenübernahme und Druck:
Berliner Buchdruckerei Union GmbH, Berlin
Printed in Germany

ISSN 0720-6739
ISBN 3-428-08481-0

Gedruckt auf alterungsbeständigem (säurefreiem) Papier
entsprechend ISO 9706 ♾

Inhaltsverzeichnis

Einführung

Von Bernd von Maydell

Das europäische Sozialrecht stand im Mittelpunkt eines Workshops des Max-Planck-Instituts für ausländisches und internationales Sozialrecht am 20. Juli 1994 in München.

1. Anlaß für die Veranstaltung waren die Tage der Forschung, die im Juli 1994 in Universitäten und Forschungsinstitutionen der ganzen Bundesrepublik stattgefunden haben. Diese Tage der Forschung sollten einer breiteren Öffentlichkeit Gelegenheit bieten, etwas über die Forschungseinrichtungen und die in diesen Einrichtungen geleistete Arbeit zu erfahren.

Das Max-Planck-Institut für ausländisches und internationales Sozialrecht stellte sich mit einem Workshop vor, der von Mitgliedern des Instituts und auswärtigen Referenten gemeinsam gestaltet wurde. Mit dem europäischen Sozialrecht wurde ein Thema gewählt, mit dem sich das Institut in den vergangenen Jahren intensiv beschäftigt hat. Davon zeugt z. B. das vom Institut veranstaltete Colloquium, das die „Wechselwirkungen zwischen dem europäischen Sozialrecht und dem Sozialrecht der Bundesrepublik Deutschland" untersucht hat[1].

2. Das Thema des Workshops „Zukunftsperspektiven des europäischen Sozialrechts" wird seit einigen Jahren sehr kontrovers diskutiert. Einerseits wird die Berechtigung der EU zur Schaffung eines Gemeinschaftssozialrechts bestritten und auf die den Mitgliedstaaten verbliebene Kompetenz für das Feld der Sozialpolitik verwiesen, wobei insbesondere das Prinzip der Subsidiarität als ergänzende Begründung herangezogen wird. Auf diesem Hintergrund wird vor allem die Rechtsprechung des EuGH kritisiert, die immer wieder zu Korrekturen und Eingriffen in das nationale Sozialrecht führt[2]. Andererseits wird auf die verschiedenen supranationalen Regelungen verwiesen, die mittelbar oder unmittelbar den sozialen Bereich schon heute gestalten, ohne daß es ein geschlossenes System eines europäischen Sozialrechts gibt[3]. Je intensiver die wirtschaftliche Verflechtung in der EU

---

1 Die Referate und Diskussionen dieses Colloquiums sind dokumentiert in Band 12 der Schriftenreihe für Internationales und Vergleichendes Sozialrecht, Schulte, B. / Zacher, H., 1991.

2 Vgl. zu dieser Kritik zuletzt *Clever, P.*, EuGH-Rechtsprechung im Sozialbereich – Kritik, aber auch hoffnungsvolle Zuversicht, ZfSH / SGB 1995, S. 1 ff.; zu weiteren Nachw. vgl. *Schulte, B.*, in diesem Band S. 58 ff., Fn. 9

wird, desto stärker ist das Bedürfnis nach einer Weiterentwicklung der sozialen Dimension in der Gemeinschaft. Das gilt nicht nur für das zur Realisierung der Freizügigkeit geschaffene koordinierende Sozialrecht, sondern auch für die Sozialpolitik, die korrespondierend zum einheitlichen europäischen Binnenmarkt nicht mehr allein national ausgerichtet sein kann.

Wie sich in Anbetracht dieser unterschiedlichen Erwartungen und Wertungen das europäische Sozialrecht, verstanden als „Summe der gemeinschaftsrechtlichen Vorschriften, die dem Sozialrecht zuzurechnen sind"[4], entwickeln wird, ist eine interessante Frage, die im Mittelpunkt der nachfolgenden Beiträge steht[5].

3. Das Thema wurde im Workshop von verschiedenen Blickwinkeln aus angegangen. Ein Ausbau des europäischen Sozialrecht und die Herausbildung eines Gemeinschaftsrechts[6] tangieren die Mitgliedstaaten und verstärken die möglichen Konflikte zwischen der nationalen und der supranationalen Ebene im Bereich der Sozialpolitik. Mit diesem Aspekt befaßt sich *Stauner*[7], indem sie die Frage nach der Entstehung einer europäischen Sozialverfassung stellt und zumindest – mit der gebotenen Vorsicht – eine solche Möglichkeit bejaht. Aus der Vielzahl einzelner Mosaiksteine der europäischen Regelungen mit sozialrechtlicher Relevanz[8] greift *Langer* zwei Bereiche heraus, das koordinierende Sozialrecht und die Gleichbehandlung von Männern und Frauen[9]. Dieser Beitrag macht deutlich, ein wie dichtes Geflecht von supranationalen Regeln punktuell schon besteht und welche Tendenzen einer Weiterentwicklung vorhanden sind.

Das europäische Sozialrecht wird maßgebend geprägt durch die Rechtsprechung des EuGH, die der Generalanwalt Prof. *Lenz*[10] nachzeichnet und analysiert. Auf der Grundlage dieser einzelnen Beiträge untersucht *Schulte*, inwieweit sich so ein europäisches Sozialrecht als wissenschaftliche Teildisziplin entwickelt hat und welche Aufgaben der Wissenschaft insoweit in der Zukunft gestellt sind[11].

---

3 Vgl. dazu *Schulte, B.*, Europäisches Sozialrecht – Ein Überblick, in: Deutscher Sozialrechtsverband e.V. (Hg.), Europäisches Sozialrecht, Wiesbaden 1992, S. 7 ff.; *von Maydell, B.*, Europäisches Sozialrecht, Lexikon des Rechts (Luchterhand) 11/128.

4 So *Schulte, B.*, Europäisches Sozialrecht als Gegenstand rechtswissenschaftlicher Forschung, in diesem Band S. 45 ff.

5 Es handelt sich dabei um die im Rahmen des Workshops gehaltenen Referate, die zum Teil ergänzt und weiter ausgebaut worden sind.

6 Vgl. dazu *Schulte, B.*, in diesem Band S. 45 ff.

7 Nachf. S. 9 ff.

8 Zu den Perspektiven für die weitere Entwicklung vgl. das Weißbuch der Kommission zur nächsten Entwicklungsphase der Sozialpolitik (1995–1999); vgl. ZfSH / SGB 1995, S. 28 ff.

9 Nachf. S. 25 ff.

10 Nachf. S. 15 ff.

11 Nachf. S. 45 ff.

Auf dem Weg zu einer Sozialverfassung der Europäischen Union?

Von Gabriele Stauner*

Die Aktualität meines Themas bezieht sich nicht nur auf die Sozialpolitik der Europäischen Union. Denn nicht nur hier, sondern in vielen Feldern der Gemeinschaftspolitiken sind wir „auf dem Weg". Die Frage ist nur, was das Ziel dieses Weges ist. Das scheint für die durch den Vertrag von Maastricht von der Europäischen Gemeinschaft zur Europäischen Union avancierte supranationale Organisation – sechs Monate vor der dritten bedeutenden Erweiterungsrunde und angesichts der Herausforderungen in den mittel- und osteuropäischen Nachbarstaaten – nicht eindeutig festzustehen.

Europa ist nicht nur in der Sozialpolitik an einem Wendepunkt angelangt, „in eine kritische Phase eingetreten" (so kürzlich Sozialkommissar Flynn). Neben der Identitätsfindung nach außen suchen die Mitgliedstaaten auch untereinander und in der Organisationsstruktur neue Wege. Mit den Stichworten Transparenz, Subsidiarität, Bürgernähe und Stärkung der demokratischen Legitimation ist im wesentlichen das unumstrittene Reformvorhaben der Union umrissen. Die im Vertrag über die Europäische Union für das Jahr 1996 festgelegte Revisionskonferenz (vgl. Art. N, Abs. 2) soll dieses Vorhaben aufgreifen.

Für die heutige Veranstaltung können wir uns aber beschränken auf den weiteren europäischen Weg im Bereich des Sozialrechts und der Sozialpolitik.

Am Ende der Überschrift meines Referats steht ein Fragezeichen.

Damit möchte ich hinterfragen, ob wir uns in der Europäischen Union tatsächlich auf dem Weg zu einer Sozialverfassung befinden und/oder ob es erstrebenswert ist, daß am Endpunkt der europäischen Integration – auch – eine Sozialverfassung steht.

Die Entwicklung im Feld des europäischen Sozialrechts und einer Sozialpolitik, wie sie in Art. 3 Buchst. i) des Vertrags von Maastricht ausdrücklich genannt ist, war eine langsame, aber stetige. Erst mit der Einheitlichen Europäischen Akte (EEA) von 1986 als erster „Verfassungsrevision" erhielt die Gemeinschaft eine maßgebliche weitere Zuständigkeitsnorm, nämlich Art. 118 a EWG-Vertrag über Sicherheit und Gesundheitsschutz der Arbeitnehmer am Arbeitsplatz.

---

* Ltd. Ministerialrätin, Bayerisches Staatsministerium für Bundes- und Europaangelegenheiten, München.

Die mit der Überschrift „Verbesserung der Arbeitsumwelt; Mindestvorschriften" und in ihrem Abs. 1 sprachlich weitgehend verunglückte Vorschrift hat sich dank der in Abs. 2 festgelegten Beschlußfassungsmodalität der qualifizierten Mehrheit zu einem sehr praktischen Instrument für die Schaffung von Mindestnormen im Bereich des technischen und gesundheitlichen Arbeitsschutzes erwiesen.

Demgegenüber enthielt der EWG-Vertrag im Tätigkeitskatalog auch nach Inkrafttreten der EEA nur die „Schaffung eines Europäischen Sozialfonds, um die Beschäftigungsmöglichkeiten der Arbeitnehmer zu verbessern und zur Hebung ihrer Lebenshaltung beizutragen".

Durch den Vertrag über die Europäische Union (EUV) ist die Sozialpolitik ausdrücklich in Art. 3 Buchst. i) als eigenständiger Punkt in den Tätigkeitskatalog der Gemeinschaft aufgenommen worden. Damit wurde dem Petitum auch der deutschen Länder Rechnung getragen, die Sozialpolitik als eigenständigen Politikbereich, und nicht mehr als bloßes Anhängsel zur Wirtschaftspolitik, zu behandeln. In Art. 2 des früheren EWG-Vertrages (Vertragsziele) waren verschiedene soziale Komponenten seit Gründung der Gemeinschaft enthalten, die allerdings im wesentlichen dem sog. magischen Viereck der Wirtschaftspolitik untergeordnet sind, wobei das Anstreben eines hohen Beschäftigungsgrades nicht einmal genannt war. (Das Ziel „Wahrung eines hohen Beschäftigungsgrades" fand sich allerdings in Art. 104 EWG-Vertrag).

Demgegenüber bietet Art. 2 des EG-Vertrages nach Maastricht doch eine anspruchsvollere soziale Aufgabenbeschreibung. Ausdrücklich soll die Gemeinschaft nach der geltenden Rechtslage „ein hohes Beschäftigungsniveau, ein hohes Maß an sozialem Schutz, die Hebung der Lebenshaltung und der Lebensqualität, den wirtschaftlichen und sozialen Zusammenhalt und die Solidarität zwischen den Mitgliedstaaten ... fördern".

Das Abkommen über die Sozialpolitik, das dem Protokoll über die Sozialpolitik des Maastricht-Vertrages beigefügt ist – wie, warum und wieso es in dieser Form zustande gekommen ist, wissen Sie – macht vor allem deutlich, daß mitnichten davon ausgegangen werden kann, einer Verbesserung der wirtschaftlichen Grundvoraussetzungen durch einen voll funktionierenden Binnenmarkt folge eine Verbesserung der sozialen Lage der Bürger gleichsam automatisch nach.

Das Abkommen über die Sozialpolitik ist der mühsame Konsens, den elf Mitgliedstaaten (ohne das Vereinigte Königreich) nach der Erfahrung mit der Gemeinschaftscharta der sozialen Grundrechte der Arbeitnehmer (Sozialcharta) von 1989 und dem zu ihrer Ausführung erlassenen Aktionsprogramm der Kommission gefunden haben. Auch an der Sozialcharta hat sich das Vereinigte Königreich bekanntermaßen nicht beteiligt.

Jüngste Verlautbarung der Kommission ist das „Grünbuch über die europäische Sozialpolitik", das als Einstieg und Anregung zu einer neuen sozialpolitischen Debatte – nach Auslauf des Aktionsprogrammes – vorgelegt worden ist.

Im übrigen hat der Vertrag über die Europäische Union die Vorschriften über die Sozialpolitik, Art. 117-122, bis auf eine formale Anpassung in Art. 118 Abs. 2 unberührt gelassen. Hinzugetreten ist allerdings eine Vorschrift über den Gesundheitsschutz in Art. 129 EG-Vertrag.

Art. 117 und 118 EG-Vertrag haben nach wie vor programmatischen Charakter. Sie schaffen keine Zuständigkeiten, so daß letztendlich – auch nach Maastricht – die rechtlichen Instrumentarien des Vertrags, die Kompetenzgrundlagen für die Schaffung europäischer Richtlinien und Verordnungen, schwach ausgebildet sind.

Institutionell verbürgte soziale Rechte – als Voraussetzung für einen Rechtsstaat auf der Grundlage der sozialen Marktwirtschaft (Art. 3 a EG-Vertrag spricht von einer „offenen Marktwirtschaft mit freiem Wettbewerb") – so zum Beispiel ein Recht auf Existenzminimum, ein Mindestmaß an Bildung und medizinischer Grundversorgung – finden sich explizit nicht im Vertrag und die „sozialen Sockel", die Präsident Delors anführt, sind an der Eigenschaft der Bürger als Arbeitnehmer aufgehängt.

Der vielfach geforderte Übergang von der sog. negativen zur positiven Integration ist demnach auch durch den Vertrag über die Europäische Union nicht eingeleitet worden. Positive Integration würde die Schaffung einer sozialen Infrastruktur, die nicht die Kosten der Integration auf andere, d. h. den Einzelnen, abschiebt, bedeuten. Der Schwerpunkt der Bemühungen der Gemeinschaft lag demgegenüber bisher eindeutig auf dem Beseitigen von Hindernissen für den Binnenmarkt, also auf dem Bemühen, die vier Grundfreiheiten durchzusetzen. Demgemäß befassen sich die ersten Verordnungen im sozialen Bereich mit der Freizügigkeit der Arbeitnehmer (vor allem VO Nr. 1408/71 und VO Nr. 574/72), insbesondere der Koordinierung der Sozialversicherungssysteme bei Wanderarbeitnehmern.

Sozialpolitik und sozialrechtliche Vorstellungen orientieren sich in der Union naturgemäß an den konkreten und aktuellen Ordnungsvorstellungen in den einzelnen Mitgliedstaaten über die Lebens- und Arbeitsbedingungen.

Wie der bisher einzige deutsche Kommissionspräsident Hallstein in seinem Buch „Der unvollendete Bundesstaat" 1969 bemerkte, hat die europäische Integration auch hier nicht nur vorgefundene Probleme zu lösen, sondern auch solche, die sie selber schafft.

Die vielzitierte, vielgerühmte Vielfalt in Europa, die gerade von seiten der Länder stark und mit Recht betont wird und die den besonderen Charme und die Attraktivität der Union ausmacht, steht allerdings einer weiteren Stärkung der Gemeinschaftsinstitutionen, einer weiteren Institutionalisierung der Sozialpolitik massiv im Wege. Allein in Deutschland finden sich als am sozialen Leben beteiligte Institutionen die Länder, die Kommunen, die Landkreise, die Regierungsbezirke, die Sozialleistungsträger, die Sozialpartner, die Verbände der freien Wohlfahrtspflege, die Kirchen und verschiedene Zusammenschlüsse von Bürgern.

Diese Vielfalt der Träger, die divergierenden Sozialleistungssysteme und nicht zuletzt die unterschiedliche Prioritätensetzung, die auch in der Höhe der Ausgaben für den sozialen Schutz in den nationalen Haushalten zum Ausdruck kommt, stehen einer Harmonisierung des Sozialrechts und damit einer Schaffung von sozialen Grundrechten, der Schaffung einer einheitlichen sozialen Verfassung, entgegen.

Eine Harmonisierung der sozialen Sicherungssysteme scheidet nach Prüfung aller vernünftigen Gesichtspunkte nach wie vor aus. Allerdings erscheint der Europäischen Kommission eine schrittweise Annäherung des sozialen Sicherungsniveaus wünschenswert, weil mittlerweile bei allen sozialen Sicherungssystemen in den EU-Mitgliedstaaten in etwa die gleichen Probleme auftauchen. Konvergenz statt Harmonisierung ist nach wie vor die Devise, die von allen namhaften Autoren seit Jahren einhellig vertreten wird.

Das hindert aber die Union nicht, die Weiterentwicklung zu einer Sozialunion zu verfolgen. Sie wird ohnehin vorangetrieben werden durch weniger hehr zu bezeichnende Antriebsfedern. Die aktuelle Wirtschafts- und Beschäftigungslage, insbesondere die Notwendigkeit der Bekämpfung der Arbeitslosigkeit, stellt alle Mitgliedstaaten vor neue Herausforderungen, die in die Schaffung von weiteren Mindeststandards im Arbeitsrecht und die Verankerung eines Minimums an sozialen Schutzrechten in den Mitgliedstaaten münden werden. Durch die Bemühungen zur Bekämpfung der Arbeitslosigkeit, vorgestellt auch im Weißbuch „Wachstum, Wettbewerbsfähigkeit, Beschäftigung" der Kommission, kann die Diskussion über eine Modifizierung der Sozialsysteme in den einzelnen Mitgliedstaaten in Schwung kommen. So forderte erst kürzlich Sozialkommisssar Flynn, durch eine Senkung der Sozialbeiträge für un- und angelernte Arbeiten das Beschäftigungsvolumen zu erhöhen. Er schlug ferner vor, die Wiedereinstellung von Arbeitslosen dadurch zu erleichtern, daß ein Teil des Lohns vom Arbeitgeber bestritten, der Rest des Gehalts durch das soziale System abgegolten werde. Schließlich wollte er auch geprüft haben, ob die bestehenden Systeme zur Einkommenssicherung, wie etwa die Zahlung von Arbeitslosengeld und Arbeitslosenhilfe, zum Teil durch Steuererleichterungen ersetzt werden könnten.

Der Eifer, mit dem von seiten der Kommission das Problem der Arbeitslosigkeit behandelt wird, ist auf der einen Seite anerkennenswert, auf der anderen Seite ist es aber auch gefährlich, die Bekämpfung der großen sozialen Herausforderungen durch Gemeinschaftsmaßnahmen in Angriff zu nehmen bzw. allein schon den Eindruck zu erwecken, daß man sie erfolgreich in Angriff nehmen könnte.

Der Europäischen Union fehlen dazu nämlich alle organisatorischen und finanziellen Mittel. Diese wird sie von den Mitgliedstaaten aus unterschiedlichen Gründen weder jetzt noch in absehbarer Zukunft erhalten.

So begnügen wir uns in diesem „unvollendeten Bundesstaat", in diesem veredelten Staatenverbund, in diesem Dauerreformwerk, mit einer schrittweisen Angleichung der Rahmenbedingungen, die schließlich auch in dem einen oder anderen eng abgegrenzten Fall zu einer grundrechtsähnlich ausgestalteten Rechtsverbürgung auf europäischer Ebene führen könnte. In jedem Fall wird dieses Bemühen zu einer Verbesserung der tatsächlichen sozialen Lage der Bürger in Europa führen – das ist zwar weniger als sich ein guter deutscher Jurist mit Vollkommenheitsanspruch wünscht, aber sehr viel mehr als Millionen von Menschen in anderen Teilen der Welt zu erwarten haben.

Damit sind wir auf dem Weg zu einer Sozialverfassung der Union. Der Weg ist steinig und letztendlich wird eine europäische Sozialverfassung anders aussehen, als man sich das aus der Sicht eines einzelnen Mitgliedstaates vorstellt.

Der Beitrag der Rechtsprechung zur Entwicklung des Europäischen Sozialrechts

Von Carl Otto Lenz*

A. Einführung

Das Europäische Sozialrecht bzw. das Recht der sozialen Sicherheit, wie es in der gemeinschaftsrechtlich üblichen Terminologie heißt, macht einen wesentlichen Teil der Rechtsprechungstätigkeit des Europäischen Gerichtshofs aus. Bei über 350 Urteilen sind weite Teile des Europäischen Sozialrechts in der einen oder anderen Form der Rechtskontrolle des Europäischen Gerichtshofs unterworfen worden.

Die Rechtsprechung des Gerichtshofes im allgemeinen und auf dem Gebiet des Sozialrechts im besonderen trägt nicht unerheblich zur Entwicklung des Europäischen Gemeinschaftsrechts bei. So gehen Vorrang und unmittelbare Anwendbarkeit des Gemeinschaftsrechts auf Grundsatzurteile des Gerichtshofes zurück (Rechtssache 26/62 – Van Gend & Loos, Slg. 1963, 3; Rechtssache 6/64 – ENEL / Costa, Slg. 1964, 1141). Ebenso etablierte der Gerichtshof die unmittelbare Anwendbarkeit von Richtlinienbestimmungen unter gewissen Voraussetzungen (Rechtssache 8/81 – Becker / Finanzamt Münster, Slg. 1982, 53) oder die Möglichkeit zur Geltendmachung eines Schadensersatzanspruchs gegenüber einem Mitgliedstaat, der sich Versäumnisse bei der Umsetzung von Richtlinien hat zu Schulden kommen lassen (Rechtssache C-6/90 – Francovich, Slg. 1991, I-5357).

Jede Auslegung und Anwendung von Rechtstexten durch ein Gericht trägt in mehr oder weniger intensiver Form zur Entwicklung des Rechts bei. Im Rahmen meines Exposés ist daher die Auswahl der Rechtssachen, über die ich sprechen möchte, von elemtarer Bedeutung.

Die Materie, die ich schlaglichtartig beleuchten möchte, ist die der sozialen Sicherheit, wie sie im Gemeinschaftsrecht üblicher Weise benannt wird. Maßnahmen auf dem Gebiet der Sozialpolitik bleiben daher außen vor. Arbeitsschutzvorschriften und Regelungen zum Schutz der Arbeitnehmer bei Betriebsübergang und vor Massenentlassungen sind daher nicht Gegenstand der Betrachtungen.

---

* Generalanwalt am Gerichtshof der Europäischen Gemeinschaften anläßlich des Workshops des Max-Planck-Instituts für Sozialrecht.

Den im gemeinschaftlichen Primärrecht verankerten Grundsatz der Entgeltgleichheit von Mann und Frau sowie den durch Richtlinienrecht ausgestalteten umfassenderen Gleichbehandlungsgrundsatz der Geschlechter im Erwerbsleben möchte ich als zu dem Gebiet der Sozialpolitik zählende Bereiche beiseite lassen.

Eine Konkordanz zwischen dem Recht der sozialen Sicherheit nach gemeinschaftsrechtlichem Verständnis und dem Sozialrecht, so wie es in der deutschen Rechtsordnung gemeinhin verstanden wird (etwa durch die im Sozialgesetzbuch geregelten Bereiche), besteht nur teilweise. Das Sozialhilferecht zählt grundsätzlich nicht zu dem Recht der sozialen Sicherheit, sondern wird im Rahmen einer Gleichbehandlungsvorschrift in der Wanderarbeitnehmerverordnung (Art. 7 VO (EWG) Nr. 1612/68) für dem Gemeinschaftsrecht unterworfene Personen nutzbar gemacht. Zugegebenermaßen treten Abgrenzungsprobleme zwischen den Bereichen der sozialen Sicherheit und Sozialhilfe auf, zumal Leistungen der Sozialhilfe unter bestimmten von der Rechtsprechung des Gerichtshofes festgelegten Umständen als solche der sozialen Sicherheit mit den daran anknüpfenden Folgen, etwa der „Exportierbarkeit" der Leistungen betrachtet werden können.

Eine Entsprechung zwischen dem Recht der Sozialen Sicherheit und Kategorien des deutschen Rechts besteht weitgehend mit dem Sozialversicherungsrecht.

Bekanntlich ist Art. 51 EG-Vertrag die primärrechtliche Grundlage zur Koordinierung mitgliedstaatlicher Systeme der sozialen Sicherheit, die gleichzeitig gewisse Mindestvoraussetzungen aufstellt, denen die Koordinierungsvorschriften genügen müssen. Diese sind einmal das Gebot zur Zusammenrechnung aller nach den verschiedenen innerstaatlichen Rechtsvorschriften berücksichtigten Zeiten für den Erwerb und die Aufrechterhaltung des Leistungsanspruchs sowie für die Berechnung der Leistungen; zum anderen gebietet er die Zahlung der Leistungen an Personen, die in den Hoheitsgebieten der Mitgliedstaaten wohnen. Diese letzte Voraussetzung wird auch häufig mit dem Stichwort „Leistungsexport" umschrieben. Die inzwischen seit über 20 Jahren gültige Verordnung zur Durchführung des in Art. 51 begründeten Rechtssetzungsauftrags ist die Verordnung (EWG) Nr. 1408/71 zur Koordinierung der Systeme der sozialen Sicherheit für Arbeitnehmer und Selbständige sowie deren Familienangehörige und die zur Durchführung dieser Verordnung ergangene Verordnung (EWG) Nr. 574/72. Deren Anwendungsbereich steckt die Grenzen ab für die im folgenden zu betrachtende Rechtsprechung.

Eine intensive Form der Rechtsentwicklung ist meines Erachtens einmal die, die gesetztes Recht für unanwendbar erklärt, und zum anderen die, die Gesetzesänderungen bzw. Verordnungsänderungen nach sich zieht. Beispiele für die eine oder andere Wirkung der Rechtsprechung sind aufzuzeigen. Rechtsentwicklung vollzieht sich auf eindringliche Weise auch in der Grauzone zwischen Rechtsanwendung und richterlicher Rechtsfortbildung. Auch zu dieser Form der Entwicklung werden Beispiele aufzuzeigen sein. Schließlich möchte ich eine Rechtsprechung des Gerichtshofes ansprechen, die sich der Kritik in der Öffentlichkeit ausgesetzt sah, die sich meines Erachtens dadurch auszeichnet, daß der Gerichtshof *nicht* rechtsfortbildend tätig wurde.

B. Schlaglichtartige Beleuchtung der Rechtsprechung

I. Rechtsänderungen

Das Recht der sozialen Sicherheit wird von Anwendungsgrundsätzen bestimmt, die sich wie ein roter Faden durch die anwendbaren Rechtstexte und die dazu ergangene Rechtsprechung ziehen. Es handelt sich dabei erstens um das *Diskriminierungsverbot*, ein auch im Gemeinschaftsrecht mit dem Rang eines Grundrechts ausgestattetes Prinzip, das im EG-Vertrag sowohl in allgemeiner (Art. 6) als auch in besonderer Form (Art. 48 IV) verankert ist und in den sekundärrechtlichen Rechtsakten wiederholt wird (Art. 3 VO (EWG) Nr. 1408/71). Zweitens läßt sich ein Anwendungsgrundsatz erkennen, der unter dem Stichwort *„Leistungsexport"* bekannt geworden ist. Der Grundsatz folgt bereits aus Art. 51 EG-Vertrag und wird in Art. 10 VO (EWG) Nr. 1408/71 ausgeführt. Drittens läßt sich ein stichwortartig als „Kumulierungsverbot" zu bezeichnender Grundsatz erkennen (Art. 12 VO (EWG) Nr. 1408/71). Es handelt sich dabei um das grundsätzliche Verbot des Zusammentreffens von Leistungen gleicher Art aus verschiedenen Mitgliedstaaten. Den angeführten Anwendungsgrundsätzen lassen sich eine Reihe von Urteilen zuordnen, so daß ich diese als Grobgliederung der zu nennenden Rechtsprechung nutze.

1. Gleichbehandlung

Die Verordnung (EWG) Nr. 1408/71 sah in ihrer ursprünglichen Fassung im Rahmen des Kapitels „Familienleistungen" – zu denen auch das Kindergeld zu zählen ist – eine Sonderregelung für Arbeitnehmer, für die die französischen Rechtsvorschriften galten, vor. Art. 73 Abs. 1 VO war so zu verstehen, daß alle Arbeitnehmer, außer die in Frankreich beschäftigten, Kindergeld auch für ihre in einem anderen Mitgliedstaat wohnenden Kinder beanspruchen konnten.

Abs. 2 der Vorschrift konkretisierte die in Abs. 1 angelegte Ausnahme dahingehend, daß für Kinder der den französischen Rechtsvorschriften unterworfenen Arbeitnehmern nur Familienleistungen des Wohnstaats der Kinder beansprucht werden konnten.

Der Gerichtshof sah in dieser Vorschrift eine mittelbare Diskriminierung und erklärte Art. 73 Abs. 2 VO für ungültig. Dem Ziel der Art. 48 bis 51, die Freizügigkeit der Arbeitnehmer innerhalb der Gemeinschaft zu erleichtern, werde entgegengearbeitet, wenn das Gemeinschaftsrecht vermeidbare Unterschiede zwischen den jeweiligen Bestimmungen der sozialen Sicherheit schaffe.

Art. 73 Abs. 2 VO (EWG) Nr. 1408/71 ist somit insoweit ungültig, als er ausschließt, daß den Arbeitnehmern, die den französischen Rechtsvorschriften unterliegen, für ihre im Gebiet eines anderen Mitgliedsstaats wohnenden Familienangehörigen französische Familienleistungen gewährt werden."

Die französische Cour de cassation, auf deren Vorabentscheidungsersuchen hin das Urteil erging (Rechtssache 41/84 – Pinna I, Slg. 1986, 17) befragte den Gerichtshof erneut nach der nunmehr anwendbaren Regel (Rechtssache 359/87 – Pinna II, Slg. 1989, 585). Der Gerichtshof entschied, solange der Rat keine neuen Vorschriften erlassen habe, führe die Feststellung der Ungültigkeit von Art. 73 Abs. 2 zur allgemeinen Anwendbarkeit des in Art. 73 Abs. 1 VO festgelegten Systems der Zahlung von Familienleistungen. Mit einem späteren Urteil (Rechtssache C-99/89 – Yañez-Campoy, Slg. 1990, I-4097) erstreckte der Gerichtshof diese allgemeine Regel auch auf Sachverhalte, die über eine Verweisungsvorschrift in der Beitrittsakte zum Beitritt Spaniens der Sonderregelung unterstellt worden waren.

Mit VO (EWG) Nr. 3427/89 zog der Gemeinschaftsgesetzgeber die Konsequenzen aus der vorgenannten Rechtsprechung, indem der die Ausnahmevorschrift eliminierte und die Vorschrift neu formulierte.

2. *Leistungsexport und Antikumulierungsvorschriften*

a) Der Antikumulierungsgrundsatz, d. h. ein Grundsatz, nach dem keine gleichartigen Leistungen für dieselben Zeiträume aus verschiedenen Mitgliedstaaten bezogen werden sollen, findet an mehreren Stellen des gemeinschaftlichen Sekundärrechts seinen Niederschlag, so z. B. in dem bereits erwähnten Art. 12 VO (EWG) Nr. 1408/71. Art. 10 der Durchführungsverordnung Nr. 574/72 (in der Fassung VO (EWG) Nr. 1209/76) ist ebenfalls Ausdruck dieses Grundsatzes, in dem er eine Prioritätsregel für das Zusammentreffen von Ansprüchen auf Familienleistungen oder -beihilfen aufstellt. Mit dieser Vorschrift wurden Regeln aufgestellt, welche der Leistungen auszusetzen sei, in dem Falle, in dem mindestens zwei Mitgliedstaaten Familienleistungen schuldeten.

Abs. 1 Buchst. a) der Vorschrift lautete:

„Der Anspruch auf Familienleistungen oder -beihilfen, die nach den Rechtsvorschriften eines Mitgliedstaats geschuldet werden, nach denen der Erwerb des Anspruchs auf diese Leistungen oder Beihilfen nicht von Versicherungs- oder Beschäftigungsbedingungen abhängig ist, wird ausgesetzt, wenn während desselben Zeitraums für dasselbe Familienmitglied

a) Leistungen nach Art. 73 oder 74 VO geschuldet werden.

Übt jedoch der Ehegatte des unter diese Artikel fallenden Arbeitnehmers oder Arbeitslosen im Gebiet des betreffenden Mitgliedstaats eine Berufstätigkeit aus, so wird der Anspruch auf die nach den genannten Artikel geschuldeten Familienleistungen oder Beihilfen ausgesetzt; es werden lediglich die Familienleistungen oder Beihilfen des Mitgliedstaats, in dessen Gebiet das Familienmitglied wohnt, zu Lasten dieses Mitgliedstaats gezahlt."...

Der Gerichtshof etablierte in Auslegung dieser Vorschrift eine Regel aufgrund deren immer dann, wenn die auszusetzende Leistung höher ist als die zu zahlende, ein Anspruch auf den Unterschiedsbetrag bestehen bleibt (Rechtssache 104/80 – Beeck, Slg. 1981, 503). Der Gerichtshof führte dazu aus:

„Diese Antikumulierungsvorschrift, nach der dem Leistungsanspruch im Wohnsitzstaat des Kindes Vorrang eingeräumt wird, findet auf einen Fall Anwendung, in dem vergleichbare Leistungen zusammentreffen ..., daraus folgt, daß der Anspruch auf Familienbeihilfen, die nach Artikel 73 geschuldet werden, im Beschäftigungsstaat des Grenzgängers ausgesetzt wird, weil der Ehegatte im Wohnsitzstaat und zu Lasten dieses Staates einen Anspruch erworben hat. Nach ständiger Rechtsprechung, die auf dem grundlegenden Prinzip der Freizügigkeit der Arbeitnehmer und auf der Zielsetzung des Artikels 51 des EWG-Vertrags beruht, gilt jedoch eine Bestimmung, die die Kumulierung von Familienbeihilfen ausschließen soll, nur insoweit, als sie den Berechtigten nicht grundlos einen nach dem Recht eines Mitgliedstaats bestehenden Anspruch auf Leistungen nimmt. Liegt daher der Betrag der Beihilfen, deren Zahlung ausgesetzt wird, über demjenigen der Beihilfen, die wegen Ausübung einer Erwerbstätigkeit gezahlt werden, dann ist die Antikumulierungsvorschrift des Artikels 10 Absatz 1 Buchstabe a der Verordnung Nr. 574/72 in seiner geänderten Fassung nur teilweise anzuwenden und der Unterschiedsbetrag als Ergänzung zu gewähren."

Der Gemeinschaftsgesetzgeber zog aus dieser Rechtsprechung die Konsequenz, indem er mit Verordnung (EWG) Nr. 1249/92 die Vorschrift änderte und die Rechtsprechung in Gesetzesform goß („der Anspruch auf Familienleistungen oder Beihilfen, ... wird ... bis zur Höhe dieser geschuldeten Leistungen ausgesetzt").

Art. 76 Abs. 2 VO (EWG) Nr. 1408/71 a.F. enthielt eine vergleichbare, jedoch weniger ins Detail gehende Prioritätsregel für das Zusammentreffen von Familienleistungen. Sie lautete:

„Der Anspruch auf den nach den Artikeln 73 und 74 geschuldeten Familienleistungen oder Familienbeihilfen wird ausgesetzt, wenn wegen der Ausübung einer beruflichen Tätigkeit Familienleistungen oder Familienbeihilfen auch nach den Rechtsvorschriften des Mitgliedstaats, in dem die Familienangehörigen wohnen, zu zahlen sind."

Die Wendung „zu zahlen sind" verstand der Gerichtshof dahingehend, daß die Familienbeihlifen tatsächlich bezogen werden müssen, ansonsten eine Aussetzung der Leistungen eines anderen Mitgliedstaats nicht in Betracht kommt (Rechtssache 191/83 – Salzano, Slg. 1984, 3741; Rechtssache 153/84 – Ferraioli, Slg. 1986, 1401). Sofern nicht alle Voraussetzungen für die tatsächliche Auszahlung der Beihilfe erfüllt waren, zu denen der Gerichtshof auch die im Machtbereich des Berechtigten liegende Antragstellung zählte (Rechtssache C-117/89 – Kracht, Slg. 1990, I-2781), konnten die in einem anderen Mitgliedstaat geschuldeten Leistungen nicht ausgesetzt werden.

Diese Rechtsprechung ging dem Gemeinschaftsgesetzgeber offenbar zu weit, denn durch die Verordnung (EWG) Nr. 3427/89 änderte er Art. 76 Abs. 2 VO (EWG) Nr. 1408/71 dahingehend, daß die unterlassene Antragstellung zur Fiktion der Leistung berechtigt. Die Vorschrift lautet nun:

> „Wird in dem Mitgliedstaat, in dessen Gebiet die Familienangehörigen wohnen, kein Antrag auf Leistungsgewährung gestellt, so kann der zuständige Träger des anderen Mitgliedstaats Absatz 1 anwenden [die Prioritätsregel], als ob Leistungen in dem ersten Mitgliedstaat gewährt würden."

b) Im Bereich der Berechnung von Renten – einem typischen Fall exportierbarer Leistungen – sah Art. 46 Abs. 3 VO (EWG) Nr. 1408/71 a.F. eine gemeinschaftsrechtliche Antikumulierungsvorschrift vor, die der Gerichtshof bereits in dem Urteil Petroni aus dem Jahr 1975 für nichtig erklärte (Rechtssache 24/75 – Petroni, Slg. 1975, 1149 bestätigt u. a. durch Rechtssache 296/84 – Sinatra, Slg. 1986, 1047). Art. 46 Abs. 3 sei mit Art. 51 unvereinbar, soweit er vorschreibt, „daß die Kumulierung zweier in verschiedenen Mitgliedstaaten erworbenen Leistungen durch eine Kürzung die in einem Mitgliedstaat allein nach dessen Rechtsvorschriften erworbenen Leistung beschränkt wird." Zur Begründung führte der Gerichtshof aus:

> „Der Zweck der Artikel 48 bis 51 würde verfehlt, wenn die Arbeitnehmer, die von ihrem Recht auf Freizügigkeit Gebrauch gemacht haben, Vergünstigungen der sozialen Sicherheit verlören, die ihnen jedenfalls die Rechtsvorschriften eines einzigen Mitgliedstaats sichern."

Auch diese Rechtsprechung führte zu einer Neufassung des Verordnungstextes durch die Verordnung (EWG) Nr. 1247/92. Im Rahmen dieser Verordnung wurde eine grundsätzliche Neuregelung der Kumulierungsvorschriften vollzogen, die so eine Neufassung der allgemeinen Vorschrift in Art. 12 VO als auch der Antikumulierungsvorschrift im Rahmen der Rentenberechnung mit Auswirkungen auf die Berechnung von Invalidenrenten bedingt.

II. Rechtsfortbildung

Aus der Grauzone zwischen Rechtsanwendung und richterlicher Rechtsfortbildung möchte ich eine Fallgruppe ansprechen, die zwar keine Änderung der Rechtstexte nach sich gezogen hat, die jedoch unzweifelhaft eine weite Auslegung der Vorschriften im Interesse der potentiellen Anspruchsberechtigten und mittelbar ihrer Wanderungsbereitschaft erkennen läßt. Meines Erachtens kann man in diesen Fällen mit Berechtigung von einer Entwicklung des Rechts sprechen.

Bei dem zu behandelnden Sachbereich geht es um Leistungen bei Arbeitslosigkeit an Personen, die in einem anderen Mitgliedstaat wohnen als dem ihrer letzten Berufstätigkeit. Art. 71 VO (EWG) Nr. 1408/71 enthält bekanntlich eine Sonderregelung für Arbeitslose, die während ihrer letzten Beschäftigung in einem anderen als dem zuständigen Staat wohnten. Die Vorschrift enhält in erster Linie Regelungen für Grenzgänger, eine Personengruppe, die in der Verordnung (Art. 1 Buchst. b) definiert wird. Deren Leistungsansprüche sollen hier nicht diskutiert werden. Art. 71 enthält außerdem Sonderregelungen für Arbeitnehmer, die nicht Grenzgänger sind und dennoch die Voraussetzungen der Trennung von Beschäftigungs- und Wohnstaat erfüllen. Diese Personengruppe hat im Falle von Vollarbeitslosigkeit ein Wahlrecht, ob sie Leistungen des grundsätzlich zuständigen Beschäftigungsstaates oder aber des Wohnstaates in Anspruch nehmen wollen, das sie dadurch ausüben, daß sie sich der Arbeitsverwaltung des einen oder anderen Staates zur Verfügung stellen. Der Zweck dieses Wahlrechts besteht darin, Leistungen bei Arbeitslosigkeit unter Bedingungen zu gewähren, die für die Arbeitsplatzsuche am günstigsten sind.

Die Definition dieses Personenkreises den ich hier als „unechte Grenzgänger" bezeichnen möchte, hat der Gerichtshof in relativ großzügiger Form vorgenommen. Dazu zählen beispielsweise Arbeitnehmer, die zwar formal als Grenzgänger einzustufen sind, dabei aber Zentrum ihrer persönlichen und beruflichen Bindungen im Beschäftigungsstaat unterhalten (Rechtssache 1/85 – Miethe, Slg. 1986, 1837). Dazu hat der Gerichtshof auch eine Arbeitnehmerin gezählt, die ihren Wohnsitz aus familären Gründen gegen Ende ihres Beschäftigungsverhältnisses in einen anderen Mitgliedstaat verlegt hat. Während des fortbestehenden Arbeitsverhältnisses bis zu dessen Beendigung konnte die Antragstellerin Urlaub nehmen, so daß sie zur Ausübung ihrer Beschäftigung keines Grenzübertrittes mehr bedurfte (Rechtssache 236/87 – Bergemann, Slg. 1988, 5125). Der Gerichtshof führte in dem Urteil aus:

> „Wie sich aus der Rechtsprechung des Gerichthofes (siehe Urteil vom 17. Februar 1977 in der Rechtssache 76/76, a. a. O.) ergibt, ist diese Möglichkeit, im Wohnstaat Leistungen bei Arbeitslosigkeit zu erhalten, bei einzelnen Gruppen von Arbeitnehmern gerechtfertigt, die enge – insbesondere persönliche und berufliche – Bindungen zu dem Land haben, in dem sie sich niedergelassen haben und gewöhnlich aufhalten. Denn es ist normal, daß Arbeitnehmer, die derartige Bindungen zu dem Staat haben, in dem sie wohnen, in diesem Staat auch die besten Chancen für eine berufliche Wiedereingliederung haben können."

In einem späteren Urteil hielt es der Gerichtshof für möglich – ohne letztlich eine Sachentscheidung zu treffen, weil es sich um ein Vorabentscheidungsverfahren handelte – daß das Element des „Wohnens" auch bei einer mehrmonatigen Abwesenheit von diesem Ort während der die Antragstellerin einer zeitlich begrenzten Beschäftigung in einem anderen Mitgliedstaat nachging, erfüllt sein könne. Auch der zeitweilige Bezug von Arbeitslosenleistungen in dem Staat der zeitlich begrenzten Beschäftigung vermochte einem Anspruch gegenüber dem Träger des

„Wohnstaates“ nicht entgegenzustehen (Urteil vom 8. Juli 1992 in der Rechtssache C-102/91 – Doris Knoch / Bundesanstalt für Arbeit).

Wiederum in einem anderen Urteil (Rechtssache 216/89 – Reibold, Slg. 1990, I-4163) entschied der Gerichtshof für die Anwendung des Art. 71 Abs. 1 Buchst. b) sei die Dauer und Kontinuität des Wohnorts bis zur Abwanderung des Arbeitnehmers, die Dauer und der Zweck seiner Abwesenheit, die Art der in dem anderen Mitgliedstaat aufgenommenen Beschäftigung sowie die Absicht des Arbeitnehmers, wie sie sich aus den gesamten Umständen ergebe, zu berücksichtigen.

III. Unterlassene Rechtsfortbildung

Lassen Sie mich zum Abschluß ein Urteil erwähnen, das den Europäischen Gerichtshof in das Kreuzfeuer der Kritik gebracht hat. Dem Gerichtshof wurde u. a. vorgewurfen, er überdehne seine Kompetenzen, er setze sich an die Stelle des Gesetzgebers oder er treffe politische Entscheidungen und überschreite damit die ihm eingeräumten Befugnisse. Ich denke an das Urteil in der Rechtssache Paletta (Rechtssache C-45/90, Slg. 1992, I-3423). Zur Gedächtnisstütze rekapituliere ich kurz den Sachverhalt. Im Ausgangsverfahren ging es um die Anwendbarkeit des Lohnfortzahlungsgesetzes in einem Fall, in dem eine vierköpfige Familie im Anschluß an den gemeinsam verbrachten Jahresurlaub am Urlaubsort erkrankte. Eine ähnliche Form der Erkrankung muß sich schon in früheren Jahren ereignet haben.

Die Rechtsache kam im Wege eines Vorabentscheidungsersuchens an den Gerichtshof, in dem es zu klären galt, ob Leistungen nach dem Lohnfortzahlungsgesetz in den Anwendungsbereich der Verordnung (EWG) Nr. 1408/71 fallen und wie weit die Bindung des Arbeitgebers bzw. des zuständigen Trägers an ein ärztliches Attest, ausgestellt in einem anderen Mitgliedstaat, reicht. Der Gerichtshof hat sich bei der Beantwortung der Vorabentscheidungsfragen streng an die Anwendung des geschriebenen Rechts gehalten. Die Anwendbarkeit der Verordnung (EWG) Nr. 1408/71 folgt aus deren Art. 4 Abs. 2, in dem es heißt:

> „Diese Verordnung gilt für die allgemeinen und die besonderen, die auf Beiträgen beruhenden und die beitragsfreien Systeme der sozialen Sicherheit sowie für die Systeme, *nach denen die Arbeitgeber*, ..., zu Leistungen gemäß Abs. 1 verpflichtet sind.“

Hinsichtlich der Bindung des Arbeitgebers bzw. des zuständigen Trägers an ein ärztliches Attest eines anderen Mitgliedstaats wendete der Gerichtshof Art. 18 der Durchführungsverordnung Nr. 574/72 an. Er konnte sich dabei auch auf seine frühere Rechtsprechung (Rechtssache 284/84 – Spruyt, Slg. 1986, 685; Rechtssache 22/86 – Rindone, Slg. 1987, 1339) stützen. Demnach war Art. 18 Abs. 1 bis 4 VO (EWG) Nr. 574/72 dahin auszulegen, daß der zuständige Träger in tatsächlicher und rechtlicher Hinsicht an die vom Träger des Wohnorts getroffenen ärztlichen Feststellungen über den Eintritt und die Dauer der Arbeitsunfähigkeit gebunden ist, sofern er nicht von der im Absatz 5 vorgesehenen Möglichkeit Gebrauch macht, den Betroffenen durch einen Arzt seiner Wahl untersuchen zu lassen.

C. Schlußbetrachtung

Ich möchte hier nicht in Frage stellen, daß das Ergebnis in dem konkreten Fall unbefriedigend ist. Allerdings meine ich, daß ein Großteil der Kritik in die falsche Richtung zielte. Man hat wohl vom Gerichtshof erwartet, er möge einen Ausnahmetatbestand im Wege der richterlichen Rechtsfortbildung schaffen – die anwendbaren Verordnungen jedenfalls sehen einen solchen nicht vor. An dem Fall wird meines Erachtens aber auch deutlich, daß sich die Fortentwicklung des Sozialrechts durch die Rechtsprechung des Gerichtshofes als elementar erweist. Wie ich im vorigen abrißartig dargestellt habe, hat in einer ganzen Reihe von Fällen die Rechtsprechung des Gerichtshofes zu einer Anpassung der Rechtstexte geführt. Daß der Gemeinschaftsgesetzgeber der Rechtsprechung auch einmal entgegenwirkt, wie etwa im Rahmen der Prioritätsregel für Familienleistungen, wo die unterlassene Antragstellung nach dem nunmehr gültigen Wortlaut der Verordnung keinen Einfluß auf das Bestehen oder Nichtbestehen eines Leistungsanspruchs in dem anderen Mitgliedstaat haben darf, spricht meines Erachtens nicht gegen die Rechtsprechungspraxis des Gerichtshofes. Politische Entscheidungen zu treffen, ist Sache des Gemeinschaftsgesetzgebers, die die Aufgabe des Gerichtshofes auch rechtsfortbildend tätig zu sein, nicht in Frage stellt.

Zukunftsperspektiven des europäischen Sozialrechts

Koordinierendes Sozialrecht und Gleichbehandlung von Männern und Frauen

Von Rose Langer*

A. Der Zusammenhang zwischen Art. 51 und Art. 119 EG-Vertrag

Die Verbindung des Themenbereichs Soziale Sicherheit der Wanderarbeitnehmer mit dem im EG-Vertrag enthaltenen Gleichbehandlungsanspruch von Männern und Frauen im Hinblick auf das Arbeitsentgelt mag im ersten Moment verblüffen, gleichwohl bestehen zwischen diesen beiden Gebieten des europäischen Sozialrechts ausgesprochen interessante Verbindungen, die es wert sind, einmal untersucht zu werden.

Zunächst ist hervorzuheben, daß sowohl Art. 51 als auch Art. 119 EG-Vertrag eine hervorgehobene Stellung im europäischen Sozialrecht haben, da sie beide schon im Vertrag von Rom stehen und es offensichtlich als erforderlich angesehen wurde, insoweit Kompetenzen auf die Gemeinschaft zu übertragen. Auch im Rahmen der Diskussion um das Subsidiaritätsprinzip, das seit dem Inkrafttreten des Vertrages von Maastricht in aller Munde zu sein scheint[1], hat niemand ernsthaft die Idee geäußert, diese Bereiche wieder der alleinigen Verantwortung der Mitgliedstaaten zu überlassen. Handelt es sich hier doch um zwei der drei klassischen Säulen des Europäischen Sozialrechts, zu denen die Harmonisierung des Arbeits(schutz)rechts als dritter Pfeiler hinzutritt [2].

I. Das Konzept der mittelbaren Diskriminierung als Bindeglied

Eine spezielle Gemeinsamkeit verbindet Art. 51 mit Art. 119, weil beide Vorschriften Diskriminierungen verhindern sollen. Im Fall von Art. 51 geht es um den Gleichbehandlungsanspruch von inländischen Arbeitnehmern mit ausländischen Arbeitnehmern auf dem Gebiet der sozialen Sicherheit. Art. 119 will hingegen

---

* Der Beitrag gibt ausschließlich die persönlichen Ansichten der Verfasserin wieder und bindet nicht die Kommission.

1 *Heinze, H.*, RdA 1994, S. 1.

2 *Zuleeg, M.*, Ein Gericht jenseits von Gesetz und Recht?, F.A.Z. vom 17. März 1994, S. 13.

sicherstellen, daß Männer und Frauen für gleiche Arbeit gleich entlohnt werden. Beide Vorschriften waren im besonderen Maße Gegenstand von Vorlagefragen an den Gerichtshof der Europäischen Gemeinschaften. Im Rahmen dieser Vorlageverfahren hat der Gerichtshof sowohl bei Art. 119 als auch bei Art. 51 nicht nur zu direkten Diskriminierungen Stellung genommen, sondern er hat auch das Konzept der mittelbaren Benachteiligung entwickelt. Letzteres dürfte in wohl einmaliger Weise das deutsche Rechtsdenken beeinflußt haben. Zwar mögen Zweifel berechtigt sein, ob es gerechtfertigt ist, die Überlegungen, die bei der faktischen Diskriminierung von Frauen oder Männern angestellt werden, schematisch auf den Bereich Inländer- Ausländerbehandlung zu übertragen[3]. Dies soll jedoch nicht bedeuten, daß der Gedankengang, der hinter dem Konzept der versteckten Diskriminierung steht, nicht in beiden Bereichen seine grundsätzliche Berechtigung besitzt[4].

II. Selbständige Stellung des künftigen koordinierenden Sozialrechts?

Das koordinierende EG-Sozialrecht ist geregelt in der Verordnung (EWG) Nr. 1408/71 über die Anwendung der Systeme der sozialen Sicherheit auf Arbeitnehmer und Selbständige sowie deren Familienangehörige, die innerhalb der Gemeinschaft zu- und abwandern sowie in der dazu ergangenen Durchführungsverordnung (EWG) Nr. 574/72. Die rechtlichen Grundlagen dieser Verordnungen in ihren jetzigen Fassungen bilden die Art. 6, 51 und 235 des EG-Vertrags. Art. 51 kommt als Rechtsgrundlage in Frage, wenn es sich um die soziale Sicherheit der Arbeitnehmer handelt. Sollen andere Personengruppen einbezogen werden, so wie etwa die Selbständigen, so muß auf weniger spezielle Ermächtigungsgrundlagen wie den Gleichbehandlungsgrundsatz und die allgemeine Auffangvorschrift des Art. 235 zurückgegriffen werden.

Schon jetzt schützt die Verordnung jedoch nicht nur Arbeitnehmer und Selbständige, die von ihrem Recht auf Freizügigkeit Gebrauch gemacht haben, bzw. die Niederlassungsfreiheit nutzen, sondern jeden Arbeitnehmer oder Selbständigen, der auf irgendeine Weise in eine grenzüberschreitende Situation gelangt ist[5]. Zu denken ist etwa an die Millionen von Touristen, die jährlich durch Europa reisen und dabei den Auslandskrankensschutz nach der Verordnung genießen. Viele Rentner nutzen das Recht, in einem anderen Mitgliedstaat Aufenthalt zu nehmen. Dieses Recht ist jedoch an die Konditionen ausreichender eigener Mittel und Kranken-

---

3 *Langer-Stein, R.*, Übergangsregeln im Rentenrecht der neuen Bundesländer – versteckte Diskriminierung von EG-Ausländern?, in: Maydell, B. / Schnapp, F. (Hg.), Die Auswirkungen des EG-Rechts auf das Arbeits- und Sozialrecht der Bundesrepublik Deutschland, 1992, S. 117.

4 So handelt es sich unbestreitbar um eine nicht zu rechtfertigende versteckte Diskriminierung bei dem Fall, der der Rechtssache 41/84 (Pinna I) zugrundelag, EuGH, Urt. v. 15. 1. 1986, Slg. 1986, S. 1.

5 EuGH, Urt. v. 19. 3. 1964, RS 75/63 (Unger), Slg. 1964, 117 ff.

versicherungsschutz gebunden[6]. Die Verordnung garantiert den Export der Renten und stellt den Krankenversicherungsschutz der Rentner, die ständig im Ausland leben, sicher. Familiäre Gründe können jemanden veranlassen, ins Ausland zu ziehen oder später in das Ursprungsland zurückzukehren. In all diesen Situationen ist weniger das Freizügigkeitsrecht des Arbeitnehmers Grund für die Wanderung – auch wenn manche dieser Personen dieses Recht für sich beanspruchen können – vielmehr stehen andere Motive im Vordergrund.

Der Vertrag von Maasticht sieht vor, daß allen Unionsbürgern Freizügigkeit und Aufenthaltsrecht eingeräumt werden kann (Art. 8a EG-Vertrag). Der Vorschlag der Kommission zur Ausweitung des persönlichen Geltungsbereichs der Verordnung 1408/71 auf Beamte, Studenten und alle Versicherten[7] wird dazu führen, daß nahezu alle Personen in der Gemeinschaft durch die Koordinierungsbestimmungen erfaßt sind, ungeachtet ihrer etwaigen Arbeitnehmereigenschaft.

Es stellt sich daher die Frage, ob der Standort des Art. 51 im Kapitel über die Freizügigkeit der Arbeitnehmer noch sachgerecht ist oder ob nicht anläßlich einer der nächsten Vertragssreformen eine eigenständige Vorschrift „Koordinierung der Sozialen Sicherheit" geschaffen werden sollte, so wie auch Art. 119 eine völlig eigenständige Position innehat.

Dabei wäre jedoch darauf zu achten, daß durch die eigenständige Stellung keine gänzliche Loslösung vom Grundprinzip der Freizügigkeit der Arbeitnehmer stattfindet. Sonst könnte die Gefahr bestehen, daß die Dynamik verloren ginge, die das Prinzip der Arbeitnehmerfreizügigkeit bei der Auslegung der Koordinierungsregeln durch die Gerichte in der Vergangenheit entwickelt hat.

B. Zukunftsperspektiven des koordinierenden Sozialrechts

I. Der Auftrag zur Vereinfachung der bestehenden Koordinierungsvorschriften

Jeder, der einen Blick in die Verordnungen des koordinierenden Sozialrechts wirft, kann mit Leichtigkeit erkennen, daß es sich um ein ungeheuer kompliziertes Gesetzeswerk handelt, das sich auch dem geschulten Juristen nur mit großer Schwierigkeit erschließt. Gründe für die schwere Verständlichkeit gibt es viele. Zunächst sind schon die nationalen sozialrechtlichen Vorschriften meist sehr komplex und oft nicht leicht zu verstehen. Diese Schwierigkeit potenziert sich, wenn im Rahmen des Koordinierungsauftrags sehr unterschiedliche nationale Systeme mit einander verbunden werden.

---

6 Richtlinien des Rates Nr. 354/90 und Nr. 365/90 vom 28. 6. 1990, Abl. Nr. L 180 vom 13. 7. 1990.

7 Vorschlag der Kommission vom 13. Dezember 1991, KOM (91) 528 endg.; ABl. Nr. C 46 vom 20. 2.1992, S. 1.

Abgesehen von den inhaltlichen Schwierigkeiten kommen noch technische Probleme hinzu. Da die Verordnungen sehr häufig geändert werden, ist es oft schwierig, den aktuell gültigen Text in zusammengefaßter Form zu finden[8]. Auch dieses Problem ist der Koordinierung immanent. Die Koordinierung kann immer erst dann stattfinden, wenn das nationale Recht der Mitgliedstaaten feststeht. Da sämtliche Mitgliedstaaten gerade im Sozialbereich häufig Änderungen vornehmen, müssen auch die Koordinierungsvorschriften häufig angepaßt werden. Dies ist der Grund, weshalb jährlich eine Änderungsverordnung aufgestellt wird, die überwiegend aus rein technischen Anpassungen besteht[9]. Hinzu kommen gegebenenfalls Änderungsverordnungen mit materiellen Verbesserungen[10].

Es ist daher nur zu verständlich, wenn der Europäische Rat, der im Dezember 1992 in Edinburgh zusammentraf, eine Vereinfachung und Kodifizierung der Verordnungen aus dem Bereich der Freizügigkeit der Arbeitnehmer gefordert hat. Ebenso unterstreicht das Grünbuch über die europäische Sozialpolitik die Bedeutung transparenter Vorschriften speziell für den Bereich der Koordinierung, räumt jedoch gleichzeitig ein, daß dies technisch nicht einfach zu erreichen ist[11]. Auch in den Schlußfolgerungen des Rates von Korfu vom Juni 1994 begrüßt der Rat die Bemühung der Kommission um vereinfachte Rechtsvorschriften. Im Weißbuch „Europäische Sozialpolitik" verpflichtet sich die Kommission schließlich, die Koordinierungsverfahren umfassend zu überarbeiten und neuzuordnen, damit diese mit den Entwicklungen und Bedürfnissen der Menschen Schritt halten und die bestehenden Regelungen vereinfacht werden[12].

II. Problemanalyse

Mit dieser starken politischen Rückendeckung versehen, steht man vor der Aufgabe, wie eine Vereinfachung der bestehenden Koordinationsregeln hergestellt werden könnte. In diesem Zusammenhang lohnt es sich, die bestehenden Texte daraufhin zu analysieren, warum sie so kompliziert sind. Zwei Gründe wurden bereits erwähnt: die Vielgestaltigkeit der nationalen Sozialrechtssysteme und das Erfordernis der ständigen Anpassung an neue Entwicklungen im nationalen Recht. Keine der beiden Ursachen läßt sich in absehbarer Zeit beheben, zumal auch die

---

8 Für den deutschsprachigen Raum stellt die von Bernd Schulte herausgegebene Textsammlung „Soziale Sicherheit in der EG" eine Alternative dar.

9 Vgl. Verordnung (EWG) Nr. 1945/93 des Rates vom 30. Juni 1993; ABl. Nr. L 181 S. 1 vom 23. Juni 1993 sowie den Vorschlag der Kommission vom 21. April 1994 KOM (94) 135 endg.; ABl. Nr. C 143, S. 7 vom 26. Mai 1994.

10 Vgl. zB Vorschlag der Kommission vom 13. Dezember 1991, KOM (91) 528 endg.; ABl. Nr. C 46 S. 1 vom 20. Februar 1992.

11 Mitteilung von Kommissar Flynn vom 17. November 1993, KOM (93) 551, S. 54 und S. 76.

12 KOM (94) 333 endg., vom 27. 7. 1994, Kapitel IV B 10.

zukunftsorientierte Konvergenzpolitik[13] der Gemeinschaft auf dem Gebiet des Sozialrechts die konkrete Ausgestaltung der Systeme der sozialen Sicherheit den einzelnen Mitgliedstaaten überläßt.

Ein weiterer Grund, der die Handhabung des koordinierenden Sozialrechts erschwert, ist die Lückenhaftigkeit der Verordnungsbestimmungen. Immer wieder kann man bemerken, daß Personengruppen oder Leistungsarten bewußt ausgeschlossen sind, ohne daß dieser Ausschluß auf Dauer zu rechtfertigen ist. Auch muß man immer wieder feststellen, daß die Abstimmung mit anderen Rechtsgebieten unvollständig ist und daher zu Friktionen führt. Ein Ansatz zur Vereinfachung könnte daher, so paradox es klingt, darin bestehen, die bestehenden Lücken zu schließen, indem die Zahl der Ausnahmen vom Anwendungsbereich des koordinierenden Sozialrechts verringert und die Verknüpfungen mit anderen Bereichen verstärkt werden.

1. Abstimmung von Sozialrecht mit dem Steuerrecht und dem Arbeitsrecht

Das Sozialrecht ist insbesondere in den Staaten, in denen die soziale Sicherheit an die Erwerbstätigkeit anknüpft, stark vom Arbeitsrecht abhängig. Aber auch in den Ländern mit Grundsicherungssystemen dienen zahlreiche Sozialleistungen dem Ersatz des Erwerbseinkommens, so daß immer Interdependenzen zwischen Arbeits- und Sozialrecht gegeben sind. Daneben gibt es starke Bezüge zum Steuerrecht, weil dieses oftmals sozialrechtliche Situationen privilegiert, so wie umgekehrt häufig das Sozialrecht an Feststellungen der Finanzämter anknüpft. Schließlich gibt es mehr und mehr Versuche, die Sozialleistungssysteme durch neue Steuern zu finanzieren. Da die Konfliktregeln über das anzuwendende Sozialrecht nicht identisch sein müssen mit den Bestimmungen über das anzuwendende Arbeits- oder Steuerrecht, kommt es immer wieder zu Friktionen, wenn das Sozialrecht eines Mitgliedstaats mit dem Arbeits- oder Steurrecht eines anderen Staates zusammentrifft.

a) Sozialrecht und Steuerrecht

So gibt es im französischen Steuerrecht seit einiger Zeit die „contribution sociale généralisée (CSG), die von den französischen Familienkassen verwaltet und eingezogen wird und der Finanzierung der französischen Sozialleistungen dient. Durch ein Gesetz, das der Form nach ein Steuergesetz ist, wird die Verpflichtung zur Zahlung der CSG all denen Personen auferlegt, die in Frankreich steuerpflichtig sind. Dies geschieht auch in den Fällen, in denen die Personen aufgrund einer

---

13 Empfehlung 92/442 EWG des Rates vom 27. Juli 1992 über die Annäherung der Ziele und der Politik im Bereich des sozialen Schutzes, ABl. Nr. L 245 vom 26. 8. 1992. Dazu *Schulte, B.*, ZfSH/SGB 1991, S. 281 ff.

Beschäftigung im Ausland dem Sozialversicherungsrecht eines anderen Staates unterliegen. Diese Personen haben Beiträge zu dem System des Beschäftigungslandes zu entrichten und können folglich die klassischen Sozialleistungen auch nur aus dem Beschäftigungsland beanspruchen. Durch die Verpflichtung, die CSG zu entrichten, fühlen sich insbesondere die zahlreichen französichen Grenzgänger, die in Frankreich leben und die beispielsweise in Deutschland arbeiten, benachteiligt. Nach der Konfliktregel des Art. 13 VO (EWG) Nr. 1408/71 unterliegen solche Grenzgänger dem Sozialrecht des Beschäftigungstaats, und zwar nur diesem. Bedenkt man den Sinn dieser neuen Abgabe, so ist verständlich, daß die Betroffenen wenig gewillt sind, die CSG zu zahlen, weil sie das Gefühl haben, doppelt Beiträge zur Sozialversicherung entrichten zu müssen, auch wenn die CSG im Gewand eines Steuergesetzes daherkommt.

In Italien gibt es die „tassa sulla salute“ und in Deutschland wird immer wieder eine Arbeitsmarktabgabe diskutiert. Dies beweist, daß die Mitgliedstaaten, die sämtliche das Problem steigender Ausgaben für Sozialleistungen haben[14], sich gezwungen sehen, neue Finanzierungsquellen zu finden. Allerdings muß sichergestellt werden, daß dies nicht zu einer Aushöhlung der Konfliktregeln der Verordnung (EWG) Nr. 1408/71 führt.

Umgekehrt gibt es jedoch auch Tendenzen, die bisherige Finanzierung der Sozialleistungen aus dem Steueraufkommen umzustellen auf beitragsfinanzierte Systeme. Diese Entwicklung läßt sich in den Niederlanden und in Schweden beobachten. Auch von solchen Umstrukturierungen sind Grenzgänger stärker betroffen als Arbeitnehmer, die sozialrechtlich und steuerrechtlich dem Recht des gleichen Mitgliedstaats unterliegen. Für die Grenzgänger, die in die entsprechenden Staaten einpendeln und die künftig Sozialversicherungsbeiträge zahlen müssen, kann die Umstellung der Finanzierung zu beträchtlichen Einkommenseinbußen führen. Auch wenn es sich um Maßnahmen handelt, die aus der Sicht des EG-Rechts nicht zu beanstanden sind, kann die Freizügigkeit der Betroffenen faktisch beeinträchtigt sein, als sich die ehemals vorteilhafte Situation der Grenzgänger im nachhinein verschlechtert und die Betroffenen wenig Bereitschaft zeigen, diesen Nachteil zu akzeptieren.

Ein weiterer echter Konfliktbereich ergibt sich daraus, daß das Sozialrecht gelegentlich auf steuerrechtliche Tatsachen rekurriert. So berechnet sich das deutsche Arbeitslosengeld nach dem Nettolohnprinzip. Bei der Feststellung des Nettoeinkommens hat § 111 AFG a.F. lediglich die Eintragungen auf der Lohnsteuerkarte berücksichtigt. Ein Arbeitnehmer, dessen Ehegatte in einem anderen Mitgliedstaat lebt, konnte nur die ungünstigere Steuerklasse I auf der Steuerkarte nachweisen und mußte sich daher mit einem geringeren Arbeitslosengeld zufrieden geben als ein vergleichbarer Arbeitnehmer, dessen Ehegatte im Inland lebte und der die Lohnsteuerklasse III erhielt[15]. Inzwischen ist dieser offensichtliche Verstoß gegen

---

[14] Vgl. dazu den Bericht der Kommission „Die soziale Sicherheit in Europa 1993“, KOM (93) 531 endg., vom 26. 4. 1994.

Art. 68 Abs. 2 VO (EWG) Nr. 1408/71 abgestellt und § 111 AFG in der jetzt geltenden Fassung[16] stellt die inländische und die ausländische Situation gleich.

Allerdings gibt es nach wie vor im deutschen Sozialrecht Zusammenhänge zum Steuerrecht, ohne daß die ausländische Situation der inländischen in jedem Fall gleichgestellt wäre. Eines dieser Probleme liegt der Vorlagefrage des Sozialgerichts Nürnberg in der Rechtssache C-321/93 Imbernon Martinez zugrunde[17], in der es um die Höhe des Kindergeldzuschlags geht. Auch hier spielt es eine Rolle, ob der Ehegatte oder die Kinder des Kindergeldberechtigten im Ausland leben. Zwar werden für die Frage, ob Kindergeldzuschlag beansprucht werden kann, ein im EG-Ausland lebendes Kind schon seit einiger Zeit dem im Inland lebenden Kind gleichgestellt[18]. Der Auslandsaufenthalt der Familie kann sich jedoch nach wie vor bei der Berechnung der Höhe des Kindergeldzuschlags negativ auswirken. So konnte für ein im Ausland lebendes Kind bis vor kurzem kein Kinderfreibetrag nach § 32 a EStG, sondern nur eine außergewöhnliche Belastung gemäß § 33 a EStG geltend gemacht werden[19]. Nach wie vor kann jedoch der Splittingvorteil nicht zum Tragen kommen, wenn ein Ehegatte im Ausland lebt[20].

b) Sozialrecht und Arbeitsrecht

Im Gegensatz zum Arbeitsrecht kann das Sozialrecht nicht vereinbart werden. Auf diese Art und Weise kann es zu einem Auseinanderfallen von anzuwendendem Arbeits- und Sozialrecht kommen. Dies führt insbesondere dann zu Schwierigkeiten, wenn Leistungen, die der Tarifautonomie unterliegen und die daher traditionelle Leistungen des Arbeitsrechts sind, soziale Komponenten haben. So gibt es in manchen Staaten Vorruhestandsleistungen, die auf tarifvertraglichen Vereinbarungen beruhen und die deshalb nicht unter den materiellen Geltungsbereich der Verordnung (EWG) Nr. 1408/71 fallen (vgl. Art. 1 Buchst. j) S. 2). Grenzgänger können folglich besonders benachteiligt sein, wenn es keine Garantie des Exportes dieser Leistungen gibt. Auch in sonstiger Hinsicht können Vorruheständler Schwierigkeiten haben, weil sie weder Arbeitnehmer, noch Arbeitslose, noch Rentner im Sinne der Koordinierungsverordnungen sind[21]. Ausgesprochen problematisch für

---

15 Vgl. dazu die Vorlagefrage des Bundessozialgerichts vom 5. Dezember 1989–11 RAr 135/88 – RS C- 74/90-1 (Caparros-Garcia), die durch Klaglosstellung erledigt wurde.

16 Geändert durch Artikel 17 des Gesetzes zur Sicherung und Strukturverbesserung der gesetzlichen Krankenversicherung vom 21. 12. 1992 (BGBl. I S. 2266).

17 ABl. Nr. C vom 18. 8. 1993 Nr. 222/7.

18 Vgl. insoweit, die ebenfalls klaglos gestellte Rechtssache C-317/89 (Rocella), ABl. Nr. C 295/8 vom 23. 11. 1989.

19 Dieses Problem ist durch das Gesetz zur Bekämpfung des Mißbrauchs und zur Bereinigung des Steuerrechts vom 21. Dezember 1993, BGBl I S. 3210, behoben.

20 Vgl. dazu das Vorlageverfahren C-279/93 (Schumackers), EuZW 1993, S. 581 ff.

die Betroffenen stellt sich darüber hinaus die fehlende Koordinierung für Leistungen der betrieblichen Altersversorgung dar[22].

Abhilfe kann hier nur die Einbeziehung dieser Leistungen in die Koordinierung bringen. Sollte es nicht möglich sein, dies im Rahmen der bestehenden Verordnungen zu tun, müssen eigene Koordinierungssysteme für diese Leistungen geschaffen werden, die den Besonderheiten dieser Regelungen Rechnung tragen können. Neben speziellen Verordnungen ließe sich auch an Koordinierungsrichtlinien denken, die mehr Spielraum zur individuellen Gestaltung bei der Umsetzung in nationales Recht eröffnen[23]. Schließlich kämen auch Regelungen der Sozialpartner selbst in Betracht, so wie sie im Maastrichter Protokoll über die Sozialpolitik vorgesehen sind[24].

2. *Konfliktregeln*

Die Koordinierungsverordnung Nr. 1408/71 enthält Konflitkregeln, durch die positive und negative Gesetzeskonflikte vermieden werden und sichergestellt wird, daß der Arbeitnehmer stets nur dem Sozialrecht eines Mitgliedstaates unterworfen wird. Diese Konfliktregeln folgen dem Prinzip der lex locis laboris. Das Beschäftigungslandprinzip gilt durchgehend, und auch für solche Systeme der sozialen Sicherheit, die weder an eine Beschäftigung anknüpfen noch die Entrichtung von Beiträgen durch einen Arbeitnehmer oder Arbeitgeber voraussetzen. Dies hat seinen guten Grund, denn auch in den Ländern, in denen die soziale Sicherheit alle Einwohner und nicht nur die Erwerbstätigen erfaßt und in denen die Finanzierung aus Steuermitteln erfolgt, ist es letztlich immer die Produktivität der erwerbstätigen Bevölkerung, die die Finanzierung der sozialen Sicherheit ermöglicht. Wer als Arbeitnehmer oder Selbständiger zur Steigerung des Bruttosozialprodukts eines Staates beiträgt, soll daher auch in diesem Land seine soziale Sicherheit aufbauen.

Inzwischen werden in den Staaten, die traditionelle Sozialversicherungssysteme bismarckscher Prägung haben, immer mehr Sozialleistungen eingeführt, die losgelöst von einer vorausgegangenen Erwerbstätigkeit beansprucht werden können. Diese Tendenz wird sich noch verstärken, wenn tatsächlich immer mehr Teilzeitarbeitsplätze geschaffen werden sollten. Denn auf Dauer wird man Teilzeit in den

---

21 Vorschlag der Kommission vom 18. 6. 1980, ABl. Nr. C 169/ 22; Ein zukunftsweisender Weg für die Union („Weißbuch zur Sozialpolitik"), KOM (94) 333 vom 27. Juli 1994, Kapitel VI B Nr. 11.

22 Vgl. dazu die Mitteilung der Kommission an den Rat vom 22. Juli 1991, SEK (91) 1332 endg.

23 Vgl. Ein zukunftsweisender Weg für die Union („Weißbuch zur Sozialpolitik"), KOM (94) 333 vom 27. Juli 1994, Kapitel IV B 10.

24 Die erste nach dem Abkommen über die Sozialpolitik verabschiedete Richtlinie betrifft die Einsetzung eines europäischen Betriebsrats oder die Schaffung eines Verfahrens zur Unterrichtung und Anhörung der Arbeitnehmer in gemeinschaftsweit operierenden Unternehmen, ABl. Nr. L 254/6 vom 30. 9. 1994.

Ländern, die keine Grundsicherung haben, nicht fördern können, wenn nicht sichergestellt ist, daß die teilzeitig beschäftigten Arbeitnehmer gleichwohl ausreichend sozial abgesichert sind. Dies kann nur geschehen, wenn außer der Erwerbstätigkeit auch andere Sachverhalte soziale Sicherheit eröffnen. Durch das Inkrafttreten des Europäischen Wirtschaftsraums[25] hat sich die Zahl der Länder mit einem System der Einwohnersicherung erheblich vergrößert. Dies alles macht es immer schwieriger, das Beschäftigungslandkonzept zu verteidigen.

Es gibt deutliche Beweise für die fehlende Bereitschaft der Mitgliedstaaten, Leistungen, die nach nationalem Recht unabhängig von einer vorangegangenen Erwerbstätigkeit beansprucht werden können, allen (ehemaligen) Beschäftigten unbeschadet ihres Aufenthaltsortes zu gewähren. So haben zahlreiche Mitgliedstaaten die sogenannten beitragsfreien Leistungen gemischter Art durch eine Neuregelung im EG-Verordnungsrecht von der Exportpflichtigkeit ausgenommen[26]. Insgesamt ist die Gefahr nicht abzuweisen, daß immer mehr Sozialleistungen aus der Koordinierung herauswachsen, weil sie entweder bewußt herausgenommen werden oder weil sie tatsächlich nicht den klassischen Leistungen zugeordnet werden können.

Es muß daher die Frage erlaubt sein, ob die bestehenden Konfliktregeln noch in allen Fällen zeitgemäß sind oder ob nicht einzelne Leistungen der sozialen Sicherheit nach anderen Prinzipien als der vorangegangen Beschäftigung zugeordnet werden müssen. Faktisch geschieht dies schon in einigen Bereichen. So gibt es Mitgliedstaaten, die ihren nationalen Gesundheitsdienst oder ihre Familienleistungen allen Einwohnern zubilligen, auch wenn sie nach den Regeln der Verordnung nicht dazu verpflichtet sind. Auch die Verordnung selbst sieht dies vor, wenn sie zum Beispiel den Grenzgänger im Bereich der Leistungen bei Arbeitslosigkeit auf das System des Wohnlandes verweist.

Unbefriedigend ist es jedoch, wenn man sich vorstellt, daß eine Person, die in den Niederlanden wohnt und die in Deutschland ein geringfügiges Beschäftigungsverhältnis aufnimmt, durch diese Tätigkeit ihren Anspruch auf Erwerb einer niederländischen Altersversorgung verliert, der zuvor aufgrund des bloßen Wohnens in den Niederlanden bestanden hat.

Das alte Nordische Abkommen sah vor, daß Leistungen der sozialen Sicherheit nicht exportiert wurden, sondern die Arbeitnehmer eingegliedert wurden. Diese Gestaltungsform hat den Vorzug sehr viel einfacher zu sein als die Exportbestimmungen mit all ihren Abgrenzungsproblemen. Allerdings setzt das Eingliederungsprinzip voraus, daß ein hohes Maß an Homogenität zwischen den einzelnen Systemen besteht, will man nicht den Verlust erworbener Rechte riskieren.

---

25 Abkommen über den Europäischen Wirtschaftsraum, ABl. L 1 vom 3. Januar 1994, S. 1

26 Verordnung (EWG) Nr. 1247/92 vom 30. April 1994, ABl. Nr. L 136 vom 19. Mai 1992, S. 1.

Eine kurzfristige Lösung für diese Probleme ist sicherlich nicht denkbar. Allerdings könnte man darüber nachdenken, dort das Einwohnerprinzip auf Gegenseitigkeit vorzusehen, wo zwei Staaten aufeinandertreffen, deren Systeme beide Einwohnersysteme sind und in denen die Höhe der Leistungen annähernd gleich sind. Unterscheiden sich die Systeme marginal, so könnte es sinnvoll sein, dem betroffenen Arbeitnehmer ein einmalig auszuübendes Wahlrecht einzuräumen.

3. Persönlicher Geltungsbereich

Die Verordnungen in ihrer derzeit geltenden Fassung schützen Arbeitnehmer und Selbständige, die die Staatsangehörigkeit eines Mitgliedstaats besitzen oder besaßen sowie deren Familienangehörige und Hinterbliebenen unbeschadet deren Staatsangehörigkeit (Art. 2 Abs. 1 und 2 VO (EWG) 1408/71).

Besitzt der Arbeitnehmer jedoch die Staatsangehörigkeit eines Staates, der weder der EG noch dem Europäische Wirtschafrsraum angehört, so kann das Koordinierungsrecht selbst dann nicht angewendet werden, wenn und solange sich der Betroffene innerhalb der Gemeinschaft aufhält. Dies kann dazu führen, daß der Betroffene zwar Beiträge oder Steuern zur Finanzierung eines Sozialleistungssystems entrichten muß, die Ansprüche auf die entsprechenden Leistungen jedoch verliert, sobald er das betreffende Land verläßt[27]. Die Zusammenrechnungsbestimmungen können ebensowenig angewandt werden wie die Konfliktregeln oder die Entsendebestimmungen. Auch ein Anspruch auf Gleichbehandlung mit den eigenen Staatsangehörigen des betroffenen Staates kann sich allenfalls aus dem nationalen Recht dieses Landes ergeben[28].

Es stellt sich jedoch die Frage, ob der bestehende Ausschluß der Drittstaatsangehörigen zu rechtfertigen ist. Teilweise dürfte sich dies schon nach den nationalen Prinzipien verbieten. Aber auch internationale Verträge und Übereinkommen verpflichten unter Umständen bereits jetzt schon zur Gleichbehandlung auch bei Aufenthalt in einem anderen EG-Staat[29]. Sollte sich herausstellen, daß eine entsprechende Verpflichtung bereits besteht und der in der Vergangenheit bereits an den

---

27 Siehe dazu die Vorlagefrage C-1547/94 (Bahar Kockaya), ABl. Nr. C 218/13 vom 6. 8. 1994.

28 Die vom Bundessozialgericht gestellte Vorlagefrage RS C-267/93 (Bouazzin) zur Wirkung des Diskriminierungsverbots im Kooperationsabkommen EG-Marokko ist durch Klaglosstellung erledigt, ABl. Nr. C 157/6 vom 9. 6. 1993; ABl. Nr. C 300/16 vom 6. 11. 1993.

29 Vgl. dazu *von Maydell, B.*, Die sozialrechtliche Stellung von Drittstaatlern in den Mitgliedsstaaten der EU und des EWR, in: Due, O. / Lutter, M. / Schwarze, J. (Hg.), Festschrift für Ulrich Everling, Nomos / Baden-Baden, 1995, S. 819 ff.; *ders.*, Treatment of third-country nationals in the Member States of the European Union and the European Economic Area in terms of social law, in: Commision of the European Communities / Departamento de Relações Internacionais e Couvenções de Segurança Social (Hg.), Social Security in Europe – Equality between Nationals and Non-nationals in the field of Social Security, Lissabon 1995, S. 137 ff.

Tag gelegte politische Wille vorhanden ist, so sollte es möglich sein, einen juristisch gangbaren Weg zur Einbeziehung der Drittstaatsangehörigen zu finden.

Ein anderes Problem besteht darin, daß derzeit nur Arbeitnehmer oder Selbständige in den Genuß der Koordinierungsregeln kommen. Personen, die nicht versichert waren, wie etwa Frauen, deren Rente lediglich auf dem Kindererziehungsleistungsgesetz beruht, können sich nicht auf die Verordnung (EWG) berufen und den ungekürzten Export in jeden Mitgliedstaat verlangen. Durch den Vorschlag zur Ausweitung des Geltungsbereich der Verordnung (EWG) Nr. 1408/71 auf „Alle Versicherten"[30] würde es ausreichen, daß für eine Person die deutschen Rechtsvorschriften einmal gegolten haben. Eine eigene Versicherung oder ein abgeleitetes Recht wären nicht mehr Voraussetzung. Damit würden die EG-Koordinierungsverordnungen die sozialrechtlichen Voraussetzungen schaffen, damit die Unionsbürgerschaft, wie sie in den Art. 8 ff des EG-Vertrags vorgesehen ist, wahrgenommen werden kann.

4. Sachlicher Geltungsbereich

Der sachliche Geltungsbereich des koordinierenden Sozialrechts ist exakt definiert. Diese Definition erfaßt Systeme nicht, für die bislang kein Koordinierungsbedarf bestand, wie die Beamtenversorgung. Unklar ist hingegen, wie neue Leistungen behandelt werden sollen, die nicht direkt in das Schema der klassischen Leistungen der sozialen Sicherheit fallen.

a) Sonderversorgungssysteme für Beamte

Bislang sind Beamte persönlich von der Verordnung schon erfaßt, wenn sie im allgemeinen gesetzlichen System versichert sind (Art. 2 Abs. 3 VO (EWG) Nr. 1408/71). Sie können daher jetzt bereits unter Umständen die EG-Verordnung nutzen. Ein deutscher Beamter beispielsweise, der in der gesetzlichen Krankenversicherung versichert ist, kann für den vorübergehenden Auslandsaufenthalt den europäischen Krankenschein in Form des Formulars E 111 beanspruchen.

Er kann sich jedoch nicht auf die Verordnung berufen, wenn es um Leistungen aus der Alters- oder Invalidenversorgung geht, die in einem Sonderversorgungssystem geregelt sind, für das die Verordnung sachlich nicht gilt (Art. 4 Abs. 4 VO (EWG) Nr. 1408/71). Derzeit stellt sich dies für einen Beamten, der in Deutschland verbeamtet wird und als Beamter in Ruhestand geht, nicht allzu problematisch dar, weil das deutsche Beamtenrecht Vorbeschäftigungszeiten in anderen Mitgliedstaaten berücksichtigen kann. Wenn jedoch die Verbeamtung in einem anderen Mitgliedstaat erfolgt, können sich Probleme selbst für eigene Staatsangehörige stellen,

---

30 Vorschlag der Kommission vom 13. Dezember 1991, KOM (91) 528 endg.; ABl. Nr. C 46 vom 20. 2.1992, S. 1.

die zuvor in einem anderen Mitgliedstaat beschäftigt waren und die diese Vorbeschäftigungszeit nicht anerkannt bekommen[31].

Auch kann derjenige fühlbare Nachteile erleiden, der aus der deutschen Beamtenversorgung ausscheidet, bevor er das Pensionsalter erreicht, um in einem anderen Mitgliedstaat eine Beschäftigung aufzunehmen, sei es im Beamtenverhältnis, sei es in einem Beschäftigungsverhältnis, dessen soziales Sicherungssystem unter die Verordnung fällt.

In dem Augenblick, wo der Zugang von anderen EG-Staatsangehörigen zum öffentlichen Dienst eines Mitgliedstaats geboten[32] ist oder freiwillig geschieht[33], stellt sich endgültig die Frage der Koordinierung der Sondersysteme für Beamte untereinander. Bislang steht lediglich fest, daß in einigen Bereichen der Zugang zum öffentlichen Dienst gewährt werden muß. Allerdings ist noch nicht entschieden, ob daraus die Verpflichtung des Dienstherrn abgeleitet werden kann, die Betroffenen auch im Sonderversorgungssystem für Beamte abzusichern[34].

Unabhängig von diesen Fragen, die die Auslegung des Art. 48 EG-Vertrag betreffen, hat der Kommissionsvorschlag zur Ausweitung des persönlichen Anwendungsbereichs der Koordinierungsverordnungen[35] zum Ziel, denjenigen Beamten, die aus welchen Gründen auch immer eine grenzüberschreitende Karriere haben, die Koordinierung ihrer sozialen Sicherung unter Einschluß der Beamtenversorgungssysteme zu ermöglichen

b) Erziehungsgeld

Seit 1985 gibt es in Deutschland das Erziehungsgeld. Auch andere Mitgliedstaaten haben vergleichbare Leistungen, gleichwohl ist nach wie vor nicht klar, wie diese neuen Leistungen koordiniert werden sollen. Koordinierungsbedarf besteht jedoch zumindest für Grenzgänger, die unter Umständen in zwei Staaten Erziehungsleistungen beanspruchen können.

Die Kommission hat sich bereits dahingehend geäußert, daß es sich bei der Leistung Erziehungsgeld um eine Leistung neuen Typs handelt, für die neue und speziell angepaßte Koordinierungsregeln geschaffen werden sollten[36].

---

31 Vgl. hier die erledigten Vorlagefragen in den verbundenen RS C-72/93 und C-73/93 (Koechlin und Albanese); ABl. Nr. C 112/7 vom 22. 4. 1993; ABl. Nr. C 1/15 vom 4. 1. 1994 und die noch anhängige Vorlagefrage in der RS C-443/93 (Vougioukas); ABl. Nr. C 18/8 vom 21. 1. 1994.

32 Vgl. etwa EuGH, Urt. v. 3. 7. 1986, RS 66/85 (Lawrie-Blum), Slg. 1986, 2139 ff.

33 Vgl. insoweit die Neufassung des deutschen Beamtenrechtsrahmengesetzes.

34 Allerdings hat der EuGH zu den Vorbeschäftigungszeiten als Einstellungsvoraussetzung im öffentlichen Dienst entschieden, Urt. v. 23. 2. 1994, RS C-419/92 (Scholz), Slg. 1994, 505 ff.

35 Vorschlag der Kommission vom 31. Dezember 1991 KOM (91) 528 endg; ABl. Nr. C 46 vom 20. 2. 1992, S. 1.

Bislang sind die in den verschiedenen nationalen Gesetzen vorgesehenen Erziehungsleistungen nur unvollständig in der Verordnung koordiniert. So gilt für die französischen Erziehungsbeihilfen eine Regelung im Anhang VI E. Frankreich Nr. 7. Danach werden die Erziehungsbeihilfen unbeschadet der Art. 73 und 74 VO nur im französischen Hoheitsgebiet wohnenden Personen und deren Angehörigen gewährt. Für die norwegischen Erziehungsleistungen ist im EWR-Abkommen eine Einschreibung in den Anhang II a der Verordnung vorgenommen worden[37]. Dies hat zur Folge, daß die Leistung zwar unter den materiellen Geltungsbereich des koordinierenden Verordnungsrechts fällt, jedoch keine Ansprüche auf Leistungen bei Aufenthalt außerhalb Norwegens beansprucht werden könnten (Art. 10a VO). Für das deutsche Erziehungsgeld enthält die Verordnung in ihrer gegenwärtigen Fassung keine spezielle Regelung.

Der Gerichtshof war wiederholt aufgefordert, Leistungen der Sozialen Sicherheit, für die die Verordnung gilt, von Sozialleistungen abzugrenzen, auf die die Verordnung insgesamt nicht anzuwenden ist. Maßgeblich für die Abgrenzung ist der Zweck, dem eine Leistung dienen soll sowie die Bedingungen, unter denen sie gewährt wird[38].

Unterstellt, das deutsche Erziehungsgeld fällt unter den materiellen Anwendungsbereich der Verordnung, so käme sinnvollerweise nur eine Zuordnung als Familienleistung in Betracht. Familienleistungen haben den Zweck, den Familien eine soziale Unterstützung zukommen zu lassen, um die mit der gegenseitigen Unterhaltspflicht belastete Familie finanziell zu entlasten, indem sich die Allgemeinheit an den Kosten beteiligt[39].

Wenn Igl[40] der Ansicht ist, das Erziehunggeld würde nicht dazu dienen, die kindbedingte Unterhaltslast zu kompensieren und falle deshalb nicht unter den Begriff der Familienleistung im Sinne derVerordnung, so wird dabei übersehen, daß die Verordnung nicht von einer Leistung für Kinder spricht, sondern von einer Leistung für die Familie. Entscheidend kann daher nicht nur die Unterhaltslast für Kinder sein, sondern die finanzielle Entlastung der Familie insgesamt. Das Bundeserziehungsgeld enthält aber zweifellos Elemente des Familienlastenausgleichs[41].

---

36 Kommision der EG, Europäische Sozialpolitik. Ein zukunftsweisender Weg für die Union („Weißbuch zur Sozialpolitik") KOM (94) 333, Kapitel IV B 11. (In der deutschen Fassung des Weißbuchs ist mißverständlicher Weise von Ausbildungsbeihilfen die Rede. In der englischen Fassung heißt es jedoch eindeutig „education benefits" und in der französischen Fassung „prestations d'education".)

37 Mitteilung vom 8. Juli 1994 über das Inkrafttreten der Entscheidungen des gemeinsamen EWR- Ausschusses Nr. 2/94, 3/94, 4/94, 5/97 und 7/94, ABl. Nr. C 208/7 vom 28. 7. 1994; ABl. Nr. L 160/56 vom 28. 6. 1994.

38 EuGH, Urt. v. 16. 7. 1992, RS C-78/91 (Hughes), Entscheidungsgründe 14, Slg. 1992, I 4865.

39 EuGH, Urt. v. 4. 7. 1985, RS 104/84 (Kromhout), Slg. 1985, 2205.

40 Nomos-Kommentar zum Europäischen Sozialrecht, Baden-Baden 1994, Art. 72 Rdnr. 1.

c) Pflegeversicherung

Neu im deutschen Recht ist auch die Pflegevericherung. Für diesen Bereich hat die Kommission gleichfalls neue Koordinierungsregeln vorgeschlagen[42]. Bislang haben die anderen Mitgliedstaaten, deren Recht vergleichbare Leistungen kennt, sich über die Einschreibung in den Anhang II a der Verordnung beholfen und so den Export verhindert. Für das deutsche Pflegegesetz käme eine solche Lösung nicht in Frage, da es sich um eine beitragsfinanzierte Leistung handelt und in Anhang II a nur die beitragsfreien Leistungen erwähnt werden können.

5. Verfahren der Zusammenarbeit

Reformbedürftig sind auch die Verfahren der Zusammenarbeit unter den Behörden, bei der Anwendung des EG-Koordinierungsrechts. Das TESS-Projekt versucht den notwendigen Informationsfluß zwischen Institutionen, der derzeit noch ausgesprochen altmodisch über Schriftwechsel und Formulare erfolgt, an den gegenwärtigen Stand der Technik anzupassen[43]. Fernziel könnte die computergesteuerte zwischenstaatliche Rentenberechnung sein, die erheblich schneller geschehen könnte und lange Wartezeiten auf die Feststellung der Renten verhindern würde.

In einem zusammenwachsenden Europa können auch der Forderungseinzug von Beiträgen zur Sozialversicherung sowie die Rückforderung von Überzahlungen nicht an der Grenze halt machen. Die in Art. 92 VO Nr. 1408/71 und Art. 111 der Durchführungsverordnung 574/72 vorgesehenen Möglichkeiten haben sich als zu schwerfällig oder nicht ausreichend erwiesen. Es ist daher vorgesehen, in den Verordnungen selbst neue Wege vorzusehen und auf diese Art und Weise den Abschluß bilateraler Abkommen über den Forderungseinzug und das Beitreiben von Beiträgen entbehrlich zu machen.

C. Aktivitäten zur Fortentwicklung der Chancengleichheit von Männern und Frauen

Das EG-Recht auf dem Gebiet der Gleichbehandlung von Männern und Frauen ist in ganz besonderer Weise durch die Rechtsprechung des Gerichtshofs geprägt

41 *Kaupper, H.*, Familienleistungen, in: Schulte, B. / Zacher, H. (Hg.), Wechselwirkungen zwischen Europäischem Sozialrecht und dem Sozialrecht der Bundesrepublik Deutschland, Berlin 1991, S. 133 ff.

42 Kommission der EG, Europäische Sozialpolitik. Ein zukunftsweisender Weg für die Union („Weißbuch zur Sozialpolitik"), KOM (94) 333 vom 27. Juli 1994, Kapitel IV B 11.

43 Kommission der EG, Europäische Sozialpolitik. Ein zukunftsweisender Weg für die Union („Weißbuch zur Sozialpolitik"), KOM (94) 333, Kapitel IV B 13.

worden[44]. Hinzu treten die Maßnahmen und Instrumente, die diese Rechtsprechung umsetzen oder ausweiten sollen.

I. Die Entlohnung der Frauenarbeit

Art. 119 EG-Vertrag hat eine klare und eindeutige Aussage. Er enthält den Grundsatz des gleichen Entgelts für Männer und Frauen bei gleicher Arbeit. Diese Norm bedarf keiner weiteren Umsetzung, denn sie wirkt unmittelbar, und zwar sowohl gegenüber dem jeweiligen Staat als auch gegenüber privaten Arbeitgebern (Drittwirkung)[45]. Hinzu kommt die Richtlinie 75/117/EWG zur Angleichung der Rechtsvorschriften der Mitgliedstaaten über die Anwendung des Grundsatzes gleichen Entgelts für Männer und Frauen[46].

1. Offene Diskriminierungen

Wenn auch die Rechtsprechung in ganz besonderem Maße auf dem Gebiet der indirekten Diskriminierungen für das deutsche Recht Auswirkungen hatte, so hat der EuGH doch auch bei den direkten Diskriminierungen eine neue Sichtweise eingeführt. Eine offene Diskriminierung wäre eine solche, nach der beispielsweise Frauen für die gleiche Leistung weniger Lohn bekämen als Männer. Eine offene Diskriminierung hat der Gerichtshof auch dann angenommen, wenn das in Frage stehende Entlohnungssystem von Werten ausgeht, die der durchschnittlichen Leistungsfähigkeit der Arbeitnehmer nur eines Geschlechts entsprechen. Sprich wenn die körperliche Leistungsfähigkeit der Männer das Maß der Dinge bildet, an dem sich Frauen messen lassen müssen[47].

2. Versteckte Diskriminierungen

Unter mittelbaren oder versteckten Diskriminierungen versteht man eine ihrem Wortlaut nach neutrale Regelung, die für die Person eines Geschlechts tatsächlich eine unverhältnismäßig nachteilige Wirkung hat, die nicht durch zwingende Gründe oder Umstände gerechtfertigt ist, die in keinem Zusammenhang mit dem Geschlecht der Person stehen[48].

---

44 Teilweise kritisch dazu *Schaub, G.*, NZA 1994, 769 ff.

45 EuGH, Urt. v. 8. 4. 1976, RS 43/75 (Defrenne II), Slg. 1976, 455.

46 Richtlinie vom 10. Februar 1975, ABl. Nr. l 45 vom 19. 2. 1975, S. 19.

47 EuGH, Urt. v. 1. 7. 1986, RS 237/85 (Rummler), Slg. 1986, 2101; EuGH, Urt. v. 17. 10. 1989, RS 109/88 (Danfoss), Slg. 1989, 3199.

48 Wortlaut des Artikels 5 des Vorschlags einer Richtlinie des Rates zur Beweislast im Bereich des gleichen Entgelts und der Gleichbehandlung von Frauen und Männern (ABl. Nr. C 176 vom 5. 7. 1988, S. 6).

Beispiele für solche faktischen Diskriminierungen sind:

a) Der Ausschluß von Teilzeitbeschäftigten von einer betrieblichen Altersversorgung[49];

b) Die ehemalige Ausnahme der Lohnfortzahlungspflicht des Arbeitgebers bei Krankheit einer Arbeitnehmerin, deren wöchentliche Arbeitszeit weniger als 10 Stunden beträgt, im Lohnfortzahlungsgesetz[50];

c) Eine längere Bewährungszeit für den Aufstieg von Teilzeitkräften, wenn nicht ersichtlich ist, daß die reine Dauer der Berufsausübung zur höheren Qualifikation beiträgt[51];

d) Unterschiedliche Tarifverträge und somit auch unterschiedliche Löhne für Berufsbilder, die gleichwertig sind[52];

e) Anders entschied der Gerichtshof allerdings die Frage der Überstundenzuschläge für Teilzeitkräfte[53];

Bei der Betrachtung dieser Reihe von Entscheidungen darf nicht vergessen werden, daß der Gleichbehandlungsanspruch auch für Männer gilt. Geht es zum Beispiel darum, ob Männer zum gleichen Zeitpunkt wie Frauen eine betriebliche Altersrente beanspruchen können[54], so können sich auch Männer auf das Gleichbehandlungsgebot des Artikels 119 des EG-Vertrags berufen. Allerdings können Frauen durchaus begünstigt werden, wenn es sich um den Schutz bei Schwangerschaft handelt[55].

Im Anschluß zu der letztgenannten Barber-Entscheidung sind inzwischen eine Reihe Folgeurteile[56] ergangen. Diese erlauben es nun die Revision der Richtlinie 86/378/EWG zur Verwirklichung des Grundsatzes der Gleichbehandlung von Männern und Frauen bei den betrieblichen Systemen der Sozialen Sicherheit anzugehen und somit an die vom Gerichtshof neu geschaffene Rechtslage anzupassen.

Einen guten Überblick über den gegenwärtigen Stand des Gemeinschaftsrechts im Hinblick auf das Lohngelichheitsgebot bietet das Memorandum über gleiches Entgelt für gleichwertige Arbeit[57].

---

49 EuGH, Urt. v. 13. 5. 1986, RS 170/84 (Bilka), Slg. 1986, 1607.

50 EuGH, Urt. v. 13. 7. 1989, RS 171/88 (Rinner-Kühn), Slg. 1989, 2743.

51 EuGH, Urt. v. 7. 2. 1991, RS C-184/89 (Nimz), Slg. 1991 I, 297.

52 EuGH, Urt. v. 27.10 1993, RS C-127/92 (Enderby), Slg. 1993, 5535.

53 EuGH, Urt. v. 15. 12. 1994, verbundene RS C-399/92, 409/92, 424/92, 34/93, 50/93 und 78/93; EuZW 1995, S. 113; vgl. dazu Anmerkungen von *Schüren, P.*, Überstundenzuschläge für Teilzeitkräfte, in: Neue Zeitschrift für Arbeitsrecht (NZA) 1993, S. 529 ff.

54 EuGH, Urt. v. 17. 5. 1990, RS 262/88 (Barber), Slg. 1990, 1889.

55 Richtlinie 92/85/EWG vom 19. 10. 1992, ABl. Nr. L 348/1.

56 Urt. v. 6. 10. 1993, RS C-109/91 (Ten Oever), Slg. 1993 I, 6591; Urt. v. 14. 12. 1993 RS-C110/91 (Moroni), Slg. 1993 I, 4879; Urt. v. 22. 12. 1993 Rs-C 152/91 (Neath), Slg. 1993 I, 6953 und Urt. v. 28. 9. 1993, RS-C 200/91 (Coloroll), Slg. 1994 I, 4389.

II. Der Zugang zum Beruf

Der Anspruch auf gleiche Entlohnung nützt jedoch wenig, wenn bereits der Zugang zu bestimmten gut bezahlten Positionen den Angehörigen eines Geschlechts vorbehalten wird.

Seit 1976 gilt die Richtlinie 76/207/EWG[58], die gerade den Zugang zur Beschäftigung, zur Berufsausbildung und zum beruflichen Aufstieg sowie in bezug auf Arbeitsbedingungen im Sinne des Gleichbehandlungsgebots ausgestalten will. Diese Richtlinie war zunächst nur unvollständig in deutsches Gesetzesrecht umgesetzt worden[59]. Ob die Neufassung des § 611 a BGB nun eine angemessene Sanktion enthält, wird unter Umständen erneut durch die Gerichte geklärt werden müssen[60].

Im Rahmen der Interpretation dieser Richtlinie hat der Gerichtshof auch Stellung genommen zu der Frage des Arbeitgebers nach einer bestehenden Schwangerschaft. Nach deutschem Recht hätte der Arbeitgeber diese Frage dann bei der Einstellung stellen dürfen, wenn es sich um einen Arbeitsplatz handelte, für den sich nur Frauen beworben hatten, da dann nicht Männer gegen Frauen konkurrieren können. Für den EuGH war dies eine Frage, die typischerweise nur einer Frau gestellt wird und folglich nahm er eine unzulässige Diskriminierung an.[61]

In einer sehr neuen Entscheidung ging es um eine Frau, die zum Zeitpunkt der Einstellung selbst nicht wußte, daß sie schwanger war. Da die betroffene Kandidatin ausschließlich Arbeiten ausführen sollte, die ihr während der Schwangerschaft qua Gesetz nicht zugemutet werden durften, wäre ein solcher Arbeitsvertrag nach deutschem Rechtsverständnis wegen des Beschäftigungsverbots nach § 8 Mutterschutzgesetz nichtig gewesen. Gleichwohl hat der Europäische Gerichtshof der Frau den Anspruch auf den Arbeitsplatz zugesprochen, denn nur so könne die schwangere Frau wirksam geschützt werden[62].

Nach der Richtlinie steht übrigens der Gleichbehandlungsanspruch der Männer gegenüber den Frauen einer einseitigen Begünstigung von Frauen insoweit nicht entgegen, als es sich um Maßnahmen zur Förderung der Chancengleichheit handelt, die der Beseitigung von Nachteilen dienen, die Frauen beeinträchtigen[63].

---

57 KOM (94) 6 endg. vom 23. 6. 1994.

58 Richtlinie des Rates zur Verwirklichung des Grundsatzes der Gleichbehandlung von Männern und Frauen hinsichtlich des Zugangs zur Beschäftigung, zur Berufsausbildung und zum beruflichen Aufstieg sowie in bezug auf die Arbeitsbedingungen, ABl. Nr. L 39 vom 14. 2. 1976, S. 40.

59 EG-Anpassungsgesetz vom 13. 8. 1980, BGBl. I S. 1308; EuGH, Urt. v. 10. 4. 1984, RS 14/83 (Colson und Kamann), Slg. 1984, 1891ff; Urt. v. 21. 5. 1985, RS 248/83 (Komission ./. Bundesrepublik Deutschland), Slg. 1985, 1459 ff.

60 Zweites Gleichberechtigungsgesetz vom 24. 6. 1994, BGBl. I S. 1406.

61 EuGH, Urt. v. 8. 11. 1990, RS C-177/88 (Dekker), Slg. 1990, 3941.

62 EuGH, Urt. v. 5. 5. 1994, RS C-421/92 (Habermann-Beltermann), Slg. I 1994, 1668.

III. Die Beweislast

Wenn der Europäische Gerichtshof über die Auslegung des Art. 119 EG-Vertrag oder der Richtlinien zur Gleichbehandlung von Männern und Frauen entscheidet, so urteilt er nicht als Tatsachengericht. Jedes Recht ist jedoch nur so gut, wie die vorhandenen Möglichkeiten, dieses Recht auch durchsetzen. Die Frage, ob ein Verhalten gegeben ist, das unter Umständen eine unzulässige Diskriminierung darstellt, ist eine Tatsachenfrage, die zunächst einmal bewiesen werden muß. Dieser Beweis dürfte aber häufig nur schwer oder gar nicht zu erbringen sein.

In diesem Zusammenhang könnte die Verabschiedung des Vorschlags einer Richtlinie über die Beweislast[64] europaweit[65] Abhilfe schaffen, als danach die Beweislast umgekehrt wird, wenn es der sich benachteiligt fühlenden Person gelingt, Umstände zu beweisen, die eine Vermutung für das Vorliegen einer Diskriminierung begründen (Art. 3 des Richtlinienvorschlags).

IV. Gleichbehandlung zwischen Männern und Frauen bei der sozialen Absicherung

Im Unterschied zur eindeutig im EG-Vertrag vorgesehenen arbeitsrechtlichen Kompetenz sind die Möglichkeiten zu einer Gestaltung des Sozialrechts auf europäischer Ebene limitiert[66].

Im Rahmen der Interpretation der gleichwohl verabschiedeten Richtlinie 79/7 / EWG zur schrittweisen Verwirklichung des Gleichbehandlungsgrundsatzes von Männern und Frauen im Bereich der sozialen Sicherheit stellt sich nun die für Deutschland ausgesprochen spannende Vorlagefrage[67], ob es zulässig ist, geringfügig Beschäftigte von der Sozialversicherungspflicht auszunehmen[68]. Wegen der unterschiedlichen europarechtlichen Kompetenzen auf dem Gebiet des Arbeits- und Sozialrecht muß der Gerichtshof nicht automatisch genauso entscheiden, wie er über den Gleichbehandlungsanspruch der Teilzeitkräfte im Arbeitsrecht geurteilt hat.

---

63 Artikel 2 Absatz 3 und 4 der Richtlinie 76/207/ EWG vom 9. Februar 1976 zur Verwirklichung des Grundsatzes der Gleichbehandlung von Männern und Frauen hinsichtlich des Zugangs zur Beschäftigung, zur Berufsausbildung und zum beruflichen Aufstieg (ABl. Nr. L 39 vom 14. 2. 1976, S. 40).

64 KOM (88) 269 endg., ABl. Nr. C 176 vom 5. 7. 1988, S. 5.

65 In Deutschland gilt bei der Diskriminierung anläßlich der Begründung eines Arbeitsverhältnisses, beim Aufstieg, bei Weisung und bei Kündigung bereits eine Beweislastumkehr (§ 611 a Abs. 1 S. 2 BGB).

66 Vgl. dazu ausführlich *Schulte, B.*, in diesem Band.

67 Richtlinie vom 19. 12. 1978, ABl. Nr. L 6 vom 10. 1. 1979, S. 24.

68 EuGH, RS C-317/93 (Nalte) und EuGH, C-444/93 (Megner); vgl. *Colneric, N.*, Der Ausschluß geringfügig Beschäftigter aus der Sozialversicherung als Verstoß gegen die Richtlinie 79/7 / EWG, in: Arbeit und Recht (ArbuR) 1994, 393 ff.

V. Maßnahmen zur Vereinbarkeit von Erwerbstätigkeit und Beruf

In der EG-Sozialcharta[69] heißt es unter Punkt 16:

„Auch sind Maßnahmen auszubauen, die es Männern und Frauen ermöglichen, ihre beruflichen und familiären Pflichten besser miteinander in Einklang zu bringen".

Insoweit sind folgende Instrumente bereits geschaffen worden oder in Vorbereitung:

1. Hilfen bei Schwangerschaft und Mutterschaft sowie bei der Kindererziehung

Verabschiedet ist die Richtlinie des Rates über den Schutz von Schwangeren und Wöchnerinnnen am Arbeitsplatz[70];

In einer allerdings unverbindlichen Empfehlung der Rates zur Kinderbetreuung[71] von 1992 ist die Möglichkeit des Sonderurlaubs aus familiären Gründen vorgesehen (Art. 4 der Empfehlung);

Derzeit wird im Ministerrat der Vorschlag der Kommission für eine Richtlinie über Elternurlaub aus familiären Gründen[72] beraten. Dieser Vorschlag sieht in Art. 6 die Möglichkeit der Bezahlung während des Elternurlaubs vor. Die soziale Absicherung der Erziehungsperson während des Erziehungsurlaubs soll nach Art. 5 Abs. 6 der des Mutterschaftsurlaubs entsprechen.

2. Angebote zur Entlastung bei Kinderbetreuung

Die Gemeinschaftsinitiative „NOW" zur Förderung der Chancengleichheit im Bereich der Beschäftigung und der beruflichen Bildung sieht Möglichkeiten der Kofinanzierung vor, für Maßnahmen, die bestimmte Ziele verfolgen. Förderungsfähig sind danach auch unterstützende Begleitmaßnahmen für Einrichtungen der Kinderbetreuung. Der Mangel an Kinderbetreuungseinrichtungen soll den Zugang der Frauen zum Arbeitsmarkt und zur Ausbildung nicht erschweren. Unterstützungsfähig sind die Einrichtung und der Betrieb von Kinderbetreuungsmaßnahmen sowie Berufsbildungsprogramme zur besseren Qualifikation der Betreuungspersonen[73].

---

69 Gemeinschaftscharta der sozialen Grundrechte der Arbeitnehmer, angenommen in Form einer feierlichen Erklärung der Staats- und Regierungschefs von elf Mitgliedstaaten auf dem Gipfeltreffen am 9. Dezember 1989 in Straßburg.

70 Richtlinie vom 19. 10. 1992, ABl. Nr. L 348/1.

71 Empfehlung 92/241/EWG, ABl. Nr. L 123 vom 8. 5. 1992, S. 16.

72 KOM (83) 686 endg, ABl. Nr. C 333 vom 9. 12. 1983, S. 6.

73 Gemeinschaftsinitiative zur Förderung der Chancengleichheit für Frauen im Bereich Beschäftigung und berufliche Bildung (ABl. Nr. C 327 vom 29. 12. 1990).

Die Empfehlung des Rates vom 31. März 1992 zur Kinderbetreuung fordert die Mitgliedstaaten auf, angemessene Angebote zur Kinderbetreuung einzurichten[74].

Sicherlich wäre es auch möglich, eine Reihe von Arbeitsplätzen zu schaffen, wenn in allen Mitgliedstaaten umfassende Kinderbetreuungseinrichtungen eingerichtet würden.

VI. Maßnahmen zur familienfreundlichen Gestaltung der Arbeitswelt

Auch hier enthält die Empfehlung zur Kinderbetreuung einen Hinweis, als die Mitgliedstaaten in Art. 5 aufgefordert werden, die Rahmenbedingungen, Struktur und Organisation der Arbeit so auszugestalten, daß sie den Bedürfnissen von erwerbstätigen Eltern entgegen kommen.

Wenn es gelingen würde, eine eg-rechtliche Regelung für Teilzeitarbeitsplätze[75] zu verabschieden, so könnte dies auch ein Beitrag zum Schutz der Teilzeitbeschäftigten einerseits sein und andererseits eine Initiative zur Schaffung von solchen Arbeitsplätzen bilden, die die Vereinbarkeit von Erwerbstätigkeit mit Familienpflichten ermöglichen.

VII. Sonstige Maßnahmen

Von den zahlreichen Initiativen, die darüber hinaus bestehen, sollen an dieser Stelle nur die folgenden exemplarisch erwähnt werden:

- Die Maßnahmen zur beruflichen Bildung und Qualifikation der Frauen[76];
- Die Empfehlung der Kommission 92/131/EWG vom 27. November 1991[77] zum Schutz der Würde von Frauen und Männern am Arbeitsplatz, in der es um Maßnahmen zur Vermeidung sexueller Belästigungen am Arbeitsort geht. Dazu hat die Kommission einen Kodex entwickelt, der praktische Verhaltensregeln enthält[78];
- Die Förderung von Initiativen, die sich um eine positive Darstellung der Frauen in Medien bemühen[79];
- Die Initiative „Frauen in Entscheidungsprozessen", die die Mitwirkung von Frauen im öffentlichen, wirtschaftlichen und sozialen Leben fördern sollen[80].

---

74 Empfehlung 92/241/EWG, ABl. Nr. L 123 vom 8. 5. 1992, S. 16.

75 Vgl. Vorschlag der Kommisssion vom 13. 8. 1990, KOM (90) endg. – SYN 280 und SYN 281.

76 Entschließung des Rates vom 21. Mai 1991, ABl. Nr. C 142 vom 31. 5. 1991, S. 1.

77 ABl. Nr. L 49 vom 24. 2. 1992, S. 1.

78 ABl. Nr. L 49 vom 24. 2. 1992, S. 3.

79 Entschließung des Rates vom 21. Mai 1991, ABl. Nr. C 142 vom 31. 5. 1991, S. 1.

80 Entschließung des Rates vom 21. Mai 1991, ABl. Nr. C 142 vom 31. 5. 1991, S. 1.

Europäisches Sozialrecht als Gegenstand rechtswissenschaftlicher Forschung

Von Bernd Schulte*

A. Sozialschutzsysteme und Sozialrechtsordnungen der Mitgliedstaaten der Europäischen Union: Divergenzen und soziale Konvergenz

Im Rahmen des „Projekts Europa", wie es mit den Gründungsverträgen von Paris aus dem Jahre 1951 und Rom aus dem Jahre 1957 über die Europäische Gemeinschaft für Kohle und Stahl sowie die Europäische Wirtschaftsgemeinschaft und die Europäische Atomgemeinschaft auf den Weg gebracht worden ist, fehlt es bisher an einem ernsthaften Versuch in Richtung auf eine sog. *soziale Harmonisierung*, d. h. es ist weder versucht worden, ein einheitliches, gemeinsames und gemeinschaftliches Sozialleistungssystem für die gesamte Europäische Gemeinschaft an die Stelle der heute zwölf – und ab 1. 1. 1995 fünfzehn – nationalen Systeme zu setzen, noch diese unterschiedlichen nationalen Systeme der Mitgliedstaaten unter Europäischem Vorzeichen einander anzunähern. Eine derartige Harmonisierung ist weder als notwendig noch als wünschenswert angesehen worden, vielmehr ist die Sozialpolitik bewußt den Mitgliedstaaten vorbehalten geblieben. Daraus folgt zugleich, daß auch das *Sozialrecht* als *„normativ verfestigte Sozialpolitik"* nach wie vor Angelegenheit der Mitgliedstaaten ist. Dies erklärt die in diesem Bereich auch nach mehr als vier Jahrzehnten Gemeinschaftsleben fortbestehenden *Divergenzen* in den Sozial- und Sozialschutzsystemen der Mitgliedstaaten. Gleichwohl ist nicht zu verkennen, daß es auch in diesem Bereich partiell zu einer Annäherung gekommen ist, die man als de facto-*Konvergenz* bezeichnen mag, und daß das Europäische Gemeinschaftsrecht eine immer größere Bedeutung auch für das Sozialrecht erlangt.[1]

Von außen aus betrachtet, zeichnen sich die 12 Mitgliedstaaten der Europäischen Union (EU) – und gleiches gilt für die künftigen Mitglieder Finnland, Österreich und Schweden sowie für Norwegen und Island, die mit ihnen zum Europäischen

---

* Max-Planck-Institut für ausländisches und internationales Sozialrecht.

1 Vgl. dazu jüngst *Schulte, B.*, Sozialstaat und Europäische Union, in: Clever, P. / Schulte, B. (Hg.), Bürger Europas, Bonn 1995, S. 62 ff. m.w.N. Einen Überblick über den aktuellen Stand der Sozialschutzsysteme gibt Kommission der EG / MISSOC, Soziale Sicherheit in den Mitgliedstaaten. Stand am 1. Juli 1993, Brüssel / Köln 1994.

Wirtschaftsraum (EWR) gehören sowie darüber hinaus auch für die noch außenstehenden Länder Liechtenstein (EWR-Mitgliedschaft vorläufig noch suspendiert) und die Schweiz – durch ein vergleichsweise hohes Maß an sowohl *sozialer* wie auch *wohlfahrtsstaatlicher* bzw. *sozialstaatlicher Homogenität* aus. Die Wohlfahrtsstaatlichkeit gehört gleichsam zu einem der wichtigsten Charakteristika dieser Länder und unterscheidet sie von anderen – so den nordamerikanischen, der japanischen, den südostasiatischen wie auch den ostmittel-, südost- und osteuropäischen – Staats- und Gesellschaftsordnungen. Die „Zwölf" haben in der Vergangenheit ausweislich ihrer Sozialleistungsquoten i.d.R. auch einen signifikant höheren Anteil der jährlichen Leistungen ihrer Volkswirtschaften für den Sozialschutz ausgegeben und sind sich dabei in bezug auf die Entwicklung ihrer Wohlfahrtsstaatlichkeit untereinander immer ähnlicher geworden. Seit dem Ende des 2. Weltkrieges hat in allen heutigen EU-Ländern der Deckungsgrad zugenommen, zu dem ihre Einwohner durch staatliche soziale Sicherungssysteme erfaßt werden, hat sich das Leistungsniveau dieser Systeme spürbar verbessert, unterscheiden sich auch die Institutionen der staatlichen sozialen Sicherung weniger stark als früher. Gleichwohl gibt es nach wie vor erhebliche Divergenzen zwischen den *Sozialschutzsystemen der Mitgliedstaaten*, und zwar nicht allein in *quantitativer* Hinsicht ausweislich der Ausgaben für den Sozialschutz, ausgedrückt in Vomhundertsätzen der Bruttoinlandsprodukte der einzelnen Mitgliedstaaten, sondern auch in *qualitativer* Hinsicht. Aussagekräftig ist insofern insbesondere die Verteilung der Aufwendungen für Soziales auf die einzelnen Funktionsbereiche des Sozialschutzes.

Aus den Unterschieden, die hier zwischen den Mitgliedstaaten in bezug auf einzelne Funktionen des Sozialschutzes bestehen, lassen sich deutliche sozialpolitische Akzentsetzungen herauslesen: So entfallen beispielsweise in *Italien* (I) rd. 50 v.H. und in *Griechenland* (GR) sogar über 55 v.H. der Aufwendungen für den Sozialschutz auf die Funktion Alter, weisen diejenigen Mitgliedstaaten, die einen staatlichen Gesundheitsdienst haben – *Dänemark* (DK), *Irland* (IRL), *Vereinigtes Königreich* (UK), *Italien* (I) – vergleichsweise geringe Aufwendungen für die Funktion Krankheit auf, liegt der traditionelle „sozialdemokratische Wohlfahrtsstaat" (nach der Systematisierung von *Esping-Andersen*[2]) *Dänemark* (DK) mit dem hohen Stellenwert, den er herkömmlicherweise der Vollbeschäftigungspolitik einräumt, im Hinblick auf die Aufwendungen für die berufliche und soziale Eingliederung deutlich an der Spitze.

Angesichts der *personellen* Erstreckung der Systeme in den meisten Ländern der Gemeinschaft auf die große Mehrzahl aller Erwerbstätigen und deren Familienangehörigen oder sogar – tendenziell – auf alle Einwohner ergibt sich in Hinblick auf den *sachlichen* Anwendungsbereich der Sozialschutzsysteme deswegen gleichsam als Mindeststandard in den Mitgliedstaaten der Europäischen Union eine den weitaus größten Teil der Bevölkerung umfassende soziale Absicherung

---

2 Vgl. dazu ausführlich Kommission der EG (Hg.), Soziale Sicherheit in Europa, Brüssel: EG, 1994; Kommission der EG / MISSOC, aaO (Fn. 1).

gegen die klassischen sozialen Lagen bzw. Risiken – Krankheit; Mutterschaft; Invalidität; Alter; Arbeitsunfall und Berufskrankheit; Arbeitslosigkeit; Tod (Hinterbliebenensicherung); Familienlasten –.

Aufwendungen für den Sozialschutz nach Funktionen in Vomhundertsätzen der gesamten Aufwendungen für den Sozialschutz in den – seinerzeit 12 – EG-Mitgliedstaaten 1991[3]

Land	*– Funktionen des Sozialschutzes –*										
	K	I	AU	A	H	M	F	BE	AL	W	S
B	23,4	8,7	2,1	34,1	11,5	0,9	8,0	1,7	8,7	0	1,1
DK	18,5	8,7	0,8	36,4	0,1	1,8	10,3	4,4	12,0	2,5	4,5
D	30,0	8,6	3,2	29,8	12,0	0,8	6,0	2,2	3,7	0,7	3,0
GR	10,3	11,7	0,1	56,9	11,4	0,3	1,4	0	1,8	0,9	5,2
E	27,0	7,7	2,3	31,2	9,7	0,9	0,6	0,7	17,9	0,7	1,3
F	26,2	5,7	2,1	37,4	7,6	1,7	8,2	0,9	6,1	2,7	1,4
IRL	28,2	7,0	0,6	24,5	6,7	2,2	10,6	2,2	13,5	2,6	1,9
I	24,4	6,4	2,3	50,0	10,9	0,4	3,6	0,1	1,8	0	0
L	24,0	11,8	3,1	32,6	16,2	1,5	9,5	0,2	0,6	0,2	0,3
NL	22,3	22,4	–	31,5	5,4	0,4	5,5	0	8,3	1,1	3,2
P	31,1	11,8	1,9	30,1	6,6	0,9	5,4	2,5	2,3	0	7,5
UK	20,4	11,6	0,9	42,2	1,0	0,8	9,6	1,9	4,4	5,7	1,5
EUR 12	25,4	8,9	2,1	37,4	8,3	1,0	6,4	1,3	5,6	1,8	1,8

(Erklärung der Abkürzungen: K = Krankheit; I = Invalidität; AU = Arbeitsunfälle und Berufskrankheiten; A = Alter; H = Hinterbliebenensicherung; M = Mutterschaft; F = Familienleistungen; BE = Berufliche Eingliederungsmaßnahmen; AL = Arbeitslosigkeit; W = Wohnen; S = Sonstiges).

Divergenzen bestehen vor allem im Hinblick auf die *Modalitäten des Sozialschutzes* und hier insbesondere in bezug auf die Höhe der Leistungen.

Angesichts der einleitend bereits angesprochenen Aussichts- (und wohl auch weitgehend Zweck-)losigkeit des Unterfangens, durch eine *Harmonisierung* „von oben" hier zu einer Annäherung oder gar Vereinheitlichung der Sozialschutzsysteme zu kommen, setzt die Europäische Kommission zum einen unter dem Schlagwort der *sozialen Konvergenz* (und zugleich unter Respektierung des Subsidiaritätsprinzips) auf eine Strategie der freiwilligen Verständigung der Mitgliedstaaten über gemeinsame Zielsetzungen im Zusammenhang mit ihrer Politik der

[3] Vgl. dazu *Esping-Andersen, G.*, The Three Worlds of Welfare Capitalism, Oxford 1990; zu weiteren Einzelheiten *Schulte, B.*, Sozialstaat und Europäische Union, in: Clever, P. / Schulte, B. (Hg.), Bürger Europas, Bonn 1995, S. 62 ff., 67 ff.

sozialen Sicherheit sowie zum zweiten auf die gleichfalls freiwillige Verpflichtung zur Einführung bzw. Beibehaltung einer allgemeinen Mindestsicherung (etwa in Art der deutschen Hilfe zum Lebensunterhalt und ihrer Entsprechungen in anderen Mitgliedstaaten) gleichsam als „Sockel" des Sozialschutzes in den Mitgliedstaaten. Im Jahre 1992 sind zwei Empfehlungen – *Empfehlung des Rates über die Annäherung der Ziele und der Politiken im Bereich des Sozialschutzes*[4] sowie *Empfehlung des Rates über gemeinsame Kriterien für ausreichende Zuwendungen und Leistungen im Rahmen der Systeme der sozialen Sicherung*[5] – verabschiedet worden, welche diese Anliegen durchzusetzen suchen.

Was *Gestaltungsprinzipien* der sozialen Sicherung angeht, so entspricht den vor allem in Dänemark, den künftigen Mitgliedstaaten Finnland und Schweden sowie in Irland und im Vereinigten Königreich und – partiell – in den Niederlanden anzutreffenden universellen Systemen ein stärkerer Anteil von Versorgungs- und Fürsorgeleistungen (nach der in Deutschland verbreiteten herkömmlichen sozialpolitischen Begrifflichkeit und Typologie), während in den kontinental-europäischen Ländern – Deutschland, Frankreich, Italien, Portugal, – demnächst – Österreich und Spanien erwerbsarbeitsbezogenen Sozialversicherungssystemen bzw. sonstigen erwerbsarbeitsbezogenen Leistungssystemen eine größere Bedeutung zukommt.

Den jeweils unterschiedlichen Gewichten dieser Gestaltungsprinzipien in den sozialen Sicherungssystemen einzelner Länder entspricht auch eine unterschiedliche *Finanzierungsstruktur.* Die Dominanz des Sozialversicherungsprinzips geht einher mit einem hohen Stellenwert der Beitragsfinanzierung (in Gestalt von Versicherten- und Arbeitgeberbeiträgen), deren Vorherrschen des Versorgungs- und Fürsorgeprinzips sowie die Gewährung beitragsunabhängiger sog. Demogrants entspricht ein hoher Anteil staatlicher Finanzzuweisungen, d. h. der Steuerfinanzierung.

Was schließlich die Unterscheidung der Sozialschutzleistungen nach *Leistungsarten* angeht, so dominieren seit Mitte der 80er Jahre – mit noch steigender Ten-

---

4 Empfehlung 92/442/EWG, in: ABl. EG Nr. L 249/49 vom 26. August 1992; dazu *Schulte, B.*, „Konvergenz" statt „Harmonisierung" – Perspektiven Europäischer Sozialpolitik, in: Zeitschrift für Sozialreform (ZSR) 36 (1990), S. 273 ff.; *ders.*, Abstimmung der Ziele des Sozialschutzes in den Mitgliedstaaten der Europäischen Gemeinschaft – ein weiterer Schritt auf dem Weg zur Sozialgemeinschaft? –, in: Zeitschrift für Sozialhilfe und Sozialgesetzbuch (ZfSH / SGB) 30 (1991), S. 281 ff.

5 Empfehlung 92/441/EWG, in: ABl. EG Nr. L 245/46 vom 26. August 1992; dazu *Schulte, B.*, Armut und Armutsbekämpfung in der Europäischen Gemeinschaft – Mindesteinkommenssicherung und Sozialhilfe im EG-Sozialrecht und EG-Sozialpolitik, in: Zeitschrift für Sozialhilfe und Sozialgesetzbuch (ZfSH / SGB) 31 (1992), S. 493 ff.; *ders.*, Das Recht auf ein Mindesteinkommen in der Europäischen Gemeinschaft – Nationaler Status quo und supranationale Initiativen, in: Sozialer Fortschritt (SF) 1991, S. 7 ff.; *ders.*, Armutsbekämpfung im Wohlfahrtsstaat – Die Rolle der Mindestsicherungssysteme der Mitgliedstaaten für Entwicklung und Fortbestand der Wohlfahrtsstaatlichkeit der Europäischen Gemeinschaft –, in: Zeitschrift für Sozialreform (ZSR) 38 (1993), S. 593 ff.

denz – die Geldleistungen mit 70 v.H. (1990: 70,1 v.H.) gegenüber *Sach- und Dienstleistungen.*

Die unterschiedlichen „Profile", die sich aufgrund der vorstehenden Angaben für die einzelnen Mitgliedstaaten ergeben, lassen sich spezifischen *sozialpolitischen Konzeptionen* – (i) Systemen der Staatsbürgerversorgung, (ii) Sozialversicherungssystemen, (iii) selektiven, d. h. auf die konkret-bedarfsorientierte Befriedigung sozialer Bedürfnisse zugeschnittenen Leistungssystemen – zuordnen mit der Folge, daß hinter den unterschiedlichen finanziellen Aufwendungen für bestimmte Leistungsbereiche und den unterschiedlichen Methoden der Bedarfsdekkung stehende tiefgreifende Strukturunterschiede der sozialen Sicherungssysteme sowie unterschiedliche sozialpolitische Zielsetzungen, Traditionen und „Kulturen" zutage treten, die letztendlich für die große Diversität verantwortlich sind, welche die sozialen Schutzsysteme und Sozialrechtsordnungen der Mitgliedstaaten der Europäischen Union nach wie vor auszeichnen.

Systeme der Staatsbürgerversorgung – z. B. in Dänemark – gewähren im Idealfall ökonomische und soziale Sicherheit unabhängig vom ökonomischen, berufsgruppenspezifischen bzw. Erwerbs-Status, sind m.a.W. „*Sozialstaat für alle Bürger*". Der Dominanz der Staatsbürgerversorgung entspricht es, daß die Sozialausgaben überwiegend aus dem Steueraufkommen finanziert wird.

Sozialversicherungssysteme – z. B. in Deutschland, Frankreich, Spanien – kennzeichnen demgegenüber einen „*Erwerbspersonen-Sozialstaat*"[6] mit dem Ziel, verschiedene Sparten der Sozialversicherung nach Risikoart und Berufsgruppenzugehörigkeit der sozio-ökonomischen Statussicherung zu gliedern. Die Niederlande sind gewissermaßen ein „Mischfall" aus Staatsbürgerversorgung – dafür sind die Volksversicherungen charakteristisch – und Sozialversicherung – dafür „stehen" die Arbeitnehmerversicherungen. Auch Spanien mag künftig als „Mischtyp" zu charakterisieren sein, sind doch im Gesundheitswesen – heute dominiert durch einen staatlichen Gesundheitsdienst – starke Elemente der Staatsbürgerversorgung angelegt und werden doch die Systeme der Einkommenssicherung, die historisch von der Sozialversicherung geprägt sind, in verstärktem Maße durch sozialversicherungsfremde und für die Staatsbürgerversorgung charakteristische Elemente – z. B. die beitragsfreie bedarfsabhängige Altersrente auch für nicht versicherte alte Personen – gekennzeichnet. Zugleich mit dem allgemeinen Bedeutungszuwachs der Sozialhilfe läßt sich an diesem Wandel die größer werdende Rolle *selektiver, bedarfsabhängiger und -geprüfter Sozialleistungssysteme* ablesen.

Esping-Andersens Unterscheidung zwischen liberalen, korporatistischen und sozialdemokratischen Wohlfahrtsstaaten mißt am jeweiligen Grad der Dekomodifizierung den Erfolg sozialer Sicherung daran, inwieweit sie es den Mitgliedern der Gesellschaft ermöglicht, unabhängig von der Erwerbssphäre, namentlich vom Arbeitsmarkt rechtsförmig vermittelte Sozialleistungen in Anspruch zu nehmen.

---

[6] Vgl. zu dieser Begrifflichkeit *Schmidt, G.*, Sozialpolitik. Historische Entwicklung und internationaler Vergleich, Opladen 1988.

(1) Der *liberale Wohlfahrtsstaat* („liberal welfare state") zeichnet sich danach aus durch bedarfsgeprüfte Sozialhilfe / Fürsorgeleistungen, – dem Umfang nach bescheidene – universelle Transferleistungen, sowie – gleichfalls dem Leistungsniveau nach vergleichsweise niedrige – beitragsfinanzierte Sozialversicherungsleistungen und adressiert seine Leistungen in erster Linie an die gering verdienende Erwerbsbevölkerung. Eine spezifische Armenpolitik, die der Sozialhilfe einen großen Anwendungsbereich einräumt, spielt hier eine bedeutende Rolle. Es dominieren mithin traditionelle, liberale, das Arbeitsethos betonende, selektive Leistungssysteme. Zugleich wird der Vorsorge des einzelnen und damit der privaten Wohlfahrt „über den Markt" insbesondere für die wohlhabenderen Schichten der Bevölkerung breiter Raum gegeben. Die britische Sozialpolitik ist seit den 80er Jahren weitgehend diesem Konzept verpflichtet.

(2) Der *korporatistische Wohlfahrtsstaat* („corporatist welfare state") entspricht den europäischen Ländern mit „klassischen" (ursprünglich Arbeiter-)Sozialversicherungssystemen, die einen Rechtsanspruch auf Leistungen aufgrund rechtlicher fixierter Voraussetzungen – und namentlich Beitragsvoraussetzungen – im Rahmen beitragsfinanzierter Sozialleistungssysteme gewähren und die aufgrund ihrer Ausrichtung an sozio-ökonomischen Gruppen den vornehmlich durch die Teilnahme am Wirtschaftsleben erworbenen ökonomischen, beruflichen und gesellschaftlichem Status sozialrechtlich fortschreiben. Die Ausrichtung am Äquivalenzprinzip, d. h. die Gewährung einkommens- und beitragsbezogener Leistungen für ihrerseits wiederum einkommensbezogene Beiträge im Rahmen der Sozialversicherung garantiert Verdienern in „Normalarbeits-" bzw. „Normalerwerbsverhältnissen" die Beibehaltung des früheren Lebensstandards bei der Realisierung sozialer Risiken – etwa im Alter nach Ausscheiden aus dem Erwerbsleben – und enthebt die große Mehrzahl der Betroffenen, namentlich die „Normalerwerbstätigen", im Regelfall der Notwendigkeit, sich durch private Vorsorgemaßnahmen eine die Gewährleistung des notwendigen Lebensunterhalts übersteigende soziale Absicherung zu verschaffen. Deutschland läßt sich diesem Wohlfahrtsstaatstypus zuordnen.

(3) Der *sozialdemokratische Wohlfahrtsstaat* („social democratic welfare state") skandinavischer Provenienz ist in starkem Maße dem Gedanken der Gleichbehandlung aller Bürger auch in sozialer Hinsicht verpflichtet, wobei diese Gleichbehandlung sich nicht auf eine Grund- und Mindestsicherung beschränkt, sondern eine gehobene (Regel-)Sicherung einschließt. Die wohlfahrtsstaatliche Solidarität wird tendenziell auf die gesamte Bevölkerung erstreckt, wobei Unterscheidungen sozioökonomischer Art, wie z. B. diejenige zwischen Arbeiter und Angestellten sowie zwischen Arbeitnehmern der Privatwirtschaft und öffentlich Bediensteten eine geringere Rolle spielen, als dies im korporatistischen Wohlfahrtsstaat der Fall ist. Die starke Rolle des Staates, der hohe Beschäftigungsgrad insbesondere im Wohlfahrts- und Erziehungssektor, die Einheitlichkeit sowie die verwaltungsmäßige und wirtschaftliche Effizienz der Sicherungssysteme, der vergleichsweise hohe Anteil von Sach- und Dienst- gegenüber Geldleistungen, die aktive Beschäftigungspolitik und das hohe Sozialleistungsniveau sind Charakteristika dieses – in jüngster Zeit

allerdings zulasten korporatistischer Elemente (im vorstehend bezeichneten Sinne) beispielsweise in Schweden im Umbau begriffenen – Wohlfahrtsstaatstypus.[7]

Diese Typologie stützt sich zur Bestimmung der unterschiedlichen Ausgestaltung und des Grades der Wohlfahrtstaatlichkeit im wesentlichen auf folgende Kriterien:

(i) das Ausmaß, in dem sich die Staaten dem Ziel der Erreichung bzw. der Erhaltung der *Vollbeschäftigung* verschrieben haben und in dem sie dieses Ziel auch tatsächlich erreichen (gemessen etwa an der jahresdurchschnittlichen Arbeitslosenquote und den Aufwendungen im Sozialbudget für die ‚Funktion Beschäftigung‘);

(ii) den Umfang, in dem Sozialschutzsysteme gegen marktbedingte oder anderweitig verursachte Einkommensausfälle schützen (gemessen etwa anhand des *Anteils der öffentlichen Sozialausgaben überhaupt am Bruttoinlandsprodukt*);

(iii) das *Verhältnis von privaten und öffentlichen Sozialaufwendungen* zueinander (z. B. die Aufwendungen für private Formen der Alterssicherung auf individueller, gruppenspezifischer oder betrieblicher Basis im Vergleich zu den öffentlichen Ausgaben für die Alterssicherung sowie die privaten Aufwendungen für den Gesundheitsschutz im Vergleich zu den öffentlichen Aufwendungen für Gesundheit);

(iv) den jeweiligen *Anteil von Beitrags- und Steuerfinanzierung*;

(v) den *Grad der „stratification“*, d. h. der Art und Weise, in dem die Systeme der sozialen Sicherheit *einheitlich* für alle Bürger / Erwerbstätigen oder aber *differenziert* nach sozio-professionellen Kategorien (Berufsgruppen) sowie nach Risiken aufgebaut und organisiert sind;

(vi) den *Umverteilungseffekt der sozialen Schutzsysteme* (gemessen an der Steuer- und Sozialabgabenbelastung der Angehörigen einzelner Einkommensklassen);

(vii) das Ausmaß schließlich, in dem die Gewährung von Sozialleistungen von der *Bedürftigkeit* des Empfängers abhängig gemacht wird (gemessen etwa anhand des Anteils der öffentlichen Sozialausgaben, der für *Fürsorge- bzw. Sozialhilfe* aufgewendet wird, an der Gesamtheit der öffentlichen Sozialausgaben).

Vor dem Hintergrund dieser Unterschiede lassen sich zugleich gewisse Gemeinsamkeiten feststellen, die sich als *Europäische Wohlfahrtstaatlichkeit* auf den Begriff bringen lassen. Sie zeigen sich nicht nur an der einleitend bereits angesprochenen Höhe der Aufwendungen, die für den Sozialschutz getätigt werden, m.a.W. in *quantitativer* Hinsicht, sondern auch *qualitativ* im Hinblick auf gewisse Charakteristika, die den *Wohlfahrtsstaat* prägen.

---

7 Vgl. in diesem Sinne *Esping-Andersen*, aaO (Fn. 3).

Einzelne Elemente, die jeweils in unterschiedlichem „Mischungsverhältnis" zur spezifischen *Wohlfahrtsstaatlichkeit* jedes einzelnen Mitgliedstaats beitragen, sind:

- ein *staatliches System,* das auf einer *demokratischen* Grundlage aufbaut;
- ein *Wirtschaftssystem,* das überwiegend auf *Privateigentum* beruht und *marktwirtschaftlich* orientiert ist, wobei der Staat korrigierend eingreift;
- *Staatsziele,* die *auf die Wohlfahrt der Bürger gerichtet* sind;
- ein breites Feld *gesellschaftspolitischer Aktivitäten,* die den *Abbau von Diskriminierungen und Chancenungleichheiten,* die *Schaffung von Entfaltungsmöglichkeiten* und – allgemein – die *Integration* der Mitglieder der Gesellschaft in die Gesellschaft und deren einzelnen Funktionsbereiche („*Inklusion*") anstreben;
- ein ausgebautes *System der sozialen Sicherung,* welches darauf abzielt, das Auftreten *sozialer Risiken* („*präventiv*") zu verhüten und bei Eintreten derartiger Risiken *kompensierend* tätig zu werden; sowie
- ein *Rechtssystem,* das die *Teilhabe der Bürger* an den sozialen Maßnahmen und Leistungen auf der Grundlage des Rechts in Gestalt individueller Rechtsansprüche verbrieft. Der unterschiedlichen Bedeutung und Rolle des Rechts für die Ausgestaltung der Sozialleistungssysteme kommt naturgemäß besonderes Gewicht zu für die spezifische nationale Prägung der jeweiligen Sozialrechtsordnung der Mitgliedstaaten.

Die *föderale Struktur – Bundesstaatlichkeit –,* innerhalb derer die 16 Bundesländer eigenständige Staatlichkeit neben dem Bund aufweisen, die *Garantie der kommunalen Selbstverwaltung,* und das *verfahrungsrechtlich gegliederte System der sozialen Sicherung,* innerhalb dessen die Sozialleistungsträger rechtlich eigenständige und durch die Sozialpartner paritätisch besetzte, selbstverwaltete Körperschaften des öffentlichen Rechts sind, sowie der hohe Anteil, den die *private* Wohlfahrt an der „Wohlfahrt insgesamt" hat, wobei sich diese private Wohlfahrt wiederum in einzelne Bestandteile – gewinnorientierte (lukrative) Aktivitäten, gemeinnützige Aktivitäten, wohlfahrtsverbandlich-karitative Aktivitäten – unterteilen läßt, sowie die markante Trennung von Leistungstragung und Leistungserbringung unterscheiden den *deutschen Sozialstaat* von den anderen europäischen Wohlfahrtsstaaten. *Rechtlich* sind darüber hinaus als deutsche Spezifika die Umstände hervorzuheben, daß der deutsche Wohlfahrtsstaat insoweit *Sozialstaat* ist, als ihm die Sozialstaatlichkeit normativ von Verfassungs wegen – in Artt. 20, 28 GG – vorgegeben ist, daß der *Grad der Verrechtlichung* – insoweit im Vergleich mit den angelsächsischen und skandinavischen Mitgliedstaaten – sehr hoch ist, und daß der *Rechtsschutz* im Bereich des Sozialrechts weiter ausgebaut ist als anderswo.

Nach Auffassung der Europäischen Kommission gibt es zwar „*keine klaren Hinweise*" für eine *Konvergenz der Systeme der sozialen Sicherung* in der Gemeinschaft seit den 80er Jahren angesichts zum Teil durchaus unterschiedlicher Entwicklungen in Teilbereichen, doch ist eine *Konvergenz hinsichtlich der zu lösenden*

Probleme zu verzeichnen, die zum einen auf die engere wirtschaftliche Integration innerhalb des Europas der Zwölf zurückzuführen ist – mit der Folge, daß sich alle Mitgliedstaaten den durch Verlangsamung des Wirtschaftswachstum und hohe Arbeitslosigkeit hervorgerufenen sozialen und finanziellen Problem stellen müssen –, und die zum anderen die Folge gemeinsamer demographischer und gesellschaftlicher Entwicklungen sowie einer ähnlichen Kostenentwicklung im Bereich der sozialen Sicherheit ist. Ist das Ausmaß der Probleme auch von Land zu Land unterschiedlich, so sind alle Mitgliedstaaten doch – obgleich mehr oder weniger – davon betroffen und muß deshalb in allen Mitgliedstaaten auf ähnliche Entwicklungen, welche Veränderungen in den Systemen der sozialen Sicherung erforderlich machen, reagiert werden:

> „Während die Sozialschutzsysteme der Mitgliedstaaten selbst ihre kennzeichnenden Merkmale, die ein Ausdruck ihrer historischen Entwicklung und nationaler Vorstellungen sind, bewahrt haben, werden sich die sozialen und wirtschaftlichen Bedingungen, unter denen sie existieren, immer ähnlicher. Alle Mitgliedstaaten müssen sich denselben Herausforderungen stellen“[8].

Das Ende 1993 vorgelegte und der Vorbereitung des „Weißbuchs“ dienende „Grünbuch“ der EG-Kommission zur Europäischen Sozialpolitik hat in Zusammenhang mit den sozialen Herausforderungen, denen sich das Europa der Zwölf gegenübersieht, dann auch u.a. die Frage nach der *„neuen“ Rolle des Wohlfahrtsstaats*“ aufgeworfen.[9] Nach Auffassung der Kommission ist die gesamte Geschichte der Europäischen Gemeinschaft von gemeinsamen Wertvorstellungen geprägt, die in gewisser Weise ein dauerhaftes Fundament bilden (und welches *oben*[10]) als *„Europäische Wohlfahrtsstaatlichkeit*“ auf den Begriff gebracht worden ist).

Angesichts von Entwicklungen in den Mitgliedstaaten, die hin zu „mehr Markt“ und zu „weniger Staat“ gehen und ein Nebeneinander von staatlicher/öffentlicher sozialer Sicherung einerseits und privater sozialer Sicherung andererseits zur Folge haben, entspricht es der überkommenen Rolle des Wohlfahrtsstaats, dem Staat jedenfalls eine *Gesamtverantwortung* für das sozial Notwendige sowie eine *Rahmenverantwortung* für das gesamte „Konzert“ der öffentlichen und privaten Komponenten der sozialen Sicherung zu übertragen bzw. zu belassen. Diese Verantwortung des Staates gilt insbesondere den Benachteiligten des traditionellen, „erwerbsarbeitsorientierten“ Wohlfahrtsstaates: nicht vollzeitbeschäftigten Personen, namentlich Frauen; Berufsanfängern ohne Zugang zum Arbeitsmarkt und Langzeitarbeitslosen; Behinderten; von Diskriminierung bedrohten (u.a. ethnischen) Minderheiten; Randgruppen. Zu eng ist deshalb eine Betrachtungsweise, welche das So-

---

8 Vgl. zu dieser Aufgabe Kommission der EG, Europäische Sozialpolitik. Ein zukunftsweisender Weg für die Union („Weißbuch zur Sozialpolitik“), Brüssel: EG, 1994, S. 54 ff.

9 Vgl. Kommission der EG, Europäische Sozialpolitik. Weichenstellung für die Europäische Union („Grünbuch zur Sozialpolitik“), Brüssel: EG: 1993, S. 19 ff.

10 *Siehe oben S. 52.*

zialschutzsystem als Kernbestandteil des Wohlfahrtsstaates in erster Linie als Belastung für Wirtschaft, Staat und Gesellschaft ansieht. Der Wohlfahrtsstaat „produziert“ eben nicht nur „Wohlfahrt“, sondern verbessert beispielsweise die berufliche Qualifizierung der wirtschaftlich Aktiven und trägt damit erheblich zur wirtschaftlichen Leistungs- und Wettbewerbsfähigkeit der Volkswirtschaften bei, er integriert in die Gesellschaft, d. h. er bewirkt „Inklusion“, und er trägt damit bei zur Befriedung der Gesellschaft im weitesten Sinne.

Vor diesem Hintergrund kommt der „sozialen Dimension“ auch für die künftige Entwicklung der Europäischen Union ausschlaggebende Bedeutung zu (mag auch auf absehbare Zeit ein Grad der sozialen und sozialpolitischen Integration, wie er auf wirtschaftspolitischem und allgemein-politischem Gebiet ausweislich der Politischen Union und der angestrebten Wirtschafts- und Währungsunion besteht bzw. möglich erscheint, wegen der nach wie vor ungebrochenen Vorrangstellung der Mitgliedstaaten im Sozialbereich nicht eintreten).

Die Bürger der Mitgliedstaaten sind seit dem Inkrafttreten des Vertrags von Maastricht durch das rechtliche Band der *Unionsbürgerschaft* geeint. Das Konzept der „*Bürgerschaft*“ („citizenship“) läßt sich im Anschluß an *T.H. Marshall* als aus drei – einer zivilen, einer politischen und einer sozialen – Komponenten bestehend definieren. Dabei sind (i) der *zivilen* Komponente diejenigen Grundrechte zugeordnet, welche die Freiheit des einzelnen bestimmen – im Sinne der klassischen Freiheit der Person, Freiheit der Rede, Freiheit des Denkens und des Glaubens, das Recht auf Eigentum und auf freien Vertragsabschluß, das Recht auf justizförmiges Verfahren –, (ii) der *politischen* Komponente das Recht, an der Ausübung politischer Gewalt teilzuhaben (z. B. das Wahlrecht und das Recht zur Bekleidung öffentlicher Ämter), und schließlich (iii) der *sozialen* Komponente, die das Recht einschließt auf ein Minimum an wirtschaftlicher Versorgung und sozialer Sicherung, auf Teilhabe am gesellschaftlichen und kulturellen Leben und damit das Recht verkörpert, generell das Leben eines Mitglieds der Gesellschaft zu führen, welches dem jeweilig vorherrschenden Standard entspricht. Diese „Teilhabe“ ist in der Europäischen Union nach wie vor in erster Linie *nationalstaatlich* orientiert, wendet sich m.a.W. an die Mitgliedstaaten. Der Status des *Unionbürgers*, den Art. 8 Abs. 1 EGV demjenigen zuerkennt, der die Staatsangehörigkeit eines EU-Mitgliedstaats hat, ist primär als derjenige eines wirtschaftlichen, sekundär als der eines politischen, und lediglich tertiär als der eines Sozialbürgers zu deuten, stehen den Unionsbürgern doch die im EG-Vertrag vorgesehenen Rechte und Pflichten zu (Art. 8 Abs. 2 EGV) und wird der Rechtsstatus des Unionsbürgers demgemäß vom – sozialpolitisch ansonsten eher enthaltsamen – Vertrag über die Europäische Gemeinschaft definiert.

B. Stellenwert des EG-Sozialrechts in Lehre und Wissenschaft

I. Sozialpolitik der Europäischen Gemeinschaft

Die Europäische Gemeinschaft ist bekanntlich aus der Europäischen *Wirtschafts*gemeinschaft hervorgegangen. Dieser Umstand erklärt bereits zu einem guten Teil die nachgeordnete Rolle, die der Sozialpolitik insbesondere gegenüber der Wirtschaftspolitik, aber auch gegenüber den sonstigen Politiken im (früheren EWG- und heutigen) EG-Vertrag zukommt. Der politische Kompromiß, der dem Zustandekommen des *Kapitels III. Die Sozialpolitik* des EWG-Vertrages Ende der 50er Jahre zugrundelag, räumte der Europäischen Wirtschaftsgemeinschaft nur punktuelle Kompetenzen im Sozialbereich ein. Von Anbeginn an stand die Option für eine sich „autonom-marktwirtschaftlich" vollziehende soziale Annäherung der Sozialschutzsysteme und Sozialpolitiken der Mitgliedstaaten nicht nur bei Abschluß des Vertrages von Rom im Jahre 1957, sondern auch in der späteren praktischen Sozialpolitik der Gemeinschaft im Vordergrund. Dementsprechend räumten (und räumen) die Sozialvorschriften des EG-Vertrages der Gemeinschaft nur in sehr begrenztem Umfang Zuständigkeiten für die Sozialpolitik ein, wurde die „sozial-interventionistische" Option, die von Anbeginn an in Art. 117 EGV auch enthalten ist, nicht für die Zwecke einer Vereinheitlichung oder Annäherung der Sozialordnungen – und das hätte vor allem bedeutet: für eine Vereinheitlichung bzw. Annäherung der Arbeits- und Sozial*rechts*ordnungen der Mitgliedstaaten – eingesetzt.

Konkretere rechtliche Handelsvorgaben für die Gemeinschaft im sozialen Bereich enthielten von Anfang an allein die Vorschriften der Artt. 48–51 EGV in bezug auf die Freizügigkeit der Arbeitnehmer sowie der Grundsatz des gleichen Entgelts für Männer und Frauen des Art. 119 EGV im Hinblick auf die Lohngleichheit für männliche und weibliche Arbeitnehmer.

Nicht zufällig sind allerdings auch diese beiden Regelungskomplexe ursprünglich als Annexe zu den wirtschaftlichen Freiheiten des EWG-Vertrages konzipiert worden. So war die Verankerung des Grundsatzes des gleichen Entgelts für gleiche Arbeit in Art. 119 EGV ursprünglich ökonomisch motiviert und zum Ausgleich von Wettbewerbsnachteilen für Mitgliedstaaten mit einem seinerzeit bereits hohen Grad an Lohngleichheit für Mann und Frau – konkret: für Frankreich – bestimmt. Erst durch die einschlägige Rechtsprechung des Europäischen Gerichtshofs wurde eine sowohl „soziale" als auch zugleich „grundrechtliche" Neuorientierung eingeleitet. Auch das nach Maßgabe von Art. 51 EGV die Systeme der sozialen Sicherheit der Mitgliedstaaten koordinierende sog. „freizügigkeitsspezifische" EG-Sozialrecht der Arbeitnehmer und Selbständigen sowie deren Familienangehöriger, die innerhalb der Gemeinschaft zu- und abwandern, ist nicht das Ergebnis einer Sozialpolitik *per se*, sondern dient der sozialen Flankierung zweier Personenfreiheiten des EG-Vertrages, nämlich der Freizügigkeit der Arbeitnehmer und der Niederlassungsfreiheit der Selbständigen.

Die auf Art. 49 EGV gestützte *Verordnung (EWG) Nr. 1612/68* regelt die Freizügigkeit der Arbeitnehmer und ihrer Familienangehörigen in bezug auf den Zugang zur Beschäftigung sowie die Gleichbehandlung mit Inländern in Ansehung der Arbeitsbedingungen und Vergünstigungen sozialer und steuerlicher Art i.w.S. Die dieser sog. Freizügigkeitsverordnung als leges speciales vorgehenden *Verordnungen (EWG) Nr. 1408/71 und 574/72* über die soziale Sicherheit der Arbeitnehmer und Selbständigen sowie deren Familienangehöriger, die innerhalb der Gemeinschaft zu- und abwandern, gewährleisten auf dem Gebiet der sozialen Sicherheit als dem Kernbereich des Sozialleistungssystems, daß „Wandererwerbstätige" und ihre Angehörigen im Hinblick auf ihre soziale Absicherung durch die „Wanderung" von einem Mitgliedstaat in einen anderen keine Nachteile erleiden.

II. Europäische Gemeinschaft als Rechtsgemeinschaft

Die Europäische Gemeinschaft ist in erster Linie eine *Rechtsgemeinschaft*. Dieser Begriff kennzeichnet wie kein zweiter die spezifische Natur der Gemeinschaft (und er charakterisiert auch dieses „Europa im Werden" vielleicht treffender – und gewiß empathischer – als die jüngst vom Bundesverfassungsgericht[11] verwendete, allzu technizistische Bezeichnung „Staatenverbund" (die zugleich den unverbindlicheren Begriff „Staatenbund" antönt). Der Begriff Gemeinschaft bringt treffend zum Ausdruck, daß diese spezifische supranationale Staatenverbindung zum einen „weniger" ist als ein Staat, zum anderen jedoch wesentlich „mehr" als eine internationale Organisation herkömmlicher Art. Dabei ist das Recht „sowohl der Stoff, aus dem die Gemeinschaft geschaffen wurde, als auch der Stoff, den sie selbst schafft".[12]

Der *Vertrag zur Gründung der Europäischen Gemeinschaft für Kohle und Stahl* (EGKSV) vom 18. April 1951 sowie der *Vertrag zur Gründung der Europäischen Wirtschaftsgemeinschaft* (EWGV) und der *Vertrag zur Gründung der Europäischen Atomgemeinschaft* (EAGV) vom 25. März 1957 haben drei rechtlich eigenständige Europäische Gemeinschaften ins Leben gerufen, die seit der Einsetzung eines gemeinsamen Rates und einer gemeinsamen Kommission durch den *Vertrag zur Einsetzung eines gemeinsamen Rates und einer gemeinsamen Kommission der Europäischen Gemeinschaften* (sog. „Fusionsvertrag") vom 8. April 1965 über einheitliche Organe verfügen und die seither im allgemeinen Sprachgebrauch und auch nach politischem Verständnis weithin als *die* – singulare – *Europäische Gemeinschaft* firmiert haben. Der EWG-Vertrag, der gleichsam von Anbeginn an die „Verfassung" der Europäischen Gemeinschaften darstellt (und vom Europäischen Gerichtshof auch unter Berücksichtigung ihres spezifischen Charakters als „Wan-

---

11 BVerfGE 89, 155 ff.

12 So *Grunwald, J.*, Die EG als Rechtsgemeinschaft, in: Röttinger, M. / Weyringer, C. (Hg.), Handbuch der europäischen Integration, Wien 1991, S. 16.

del-Verfassung" (*Ipsen*) entsprechend „dynamisch" ausgelegt und fortentwickelt worden ist, wodurch sich auch manche bewußt auf eine weitergehende Vertiefung der Integration abzielende, zuweilen extensiv anmutende Auslegung seiner Bestimmungen durch den Gerichtshof erklärt), ist durch den am 7. Februar 1992 in Maastricht unterzeichneten und am 1. November 1993 in Kraft getretenen Vertrag über die Europäische Union (EUV) umbenannt worden in *Vertrag zur Gründung der Europäischen Gemeinschaft (EGV) vom 25. März 1957 mit späteren Änderungen nach dem Stand vom 7. Februar 1992* (EG-Vertrag). Dieses *primäre Gemeinschaftsrecht* und auch das von den Gemeinschaftsorganen gesetzte *sekundäre* Recht ist dem nationalen Recht der Mitgliedstaaten übergeordnet und wirkt dergestalt, daß sich auch der einzelne vor den nationalen Gerichten auf das unmittelbar anwendbare Gemeinschaftsrecht berufen kann. Dieser *Anwendungsvorrang des Gemeinschaftsrechts vor nationalem Recht*[13] (einschließlich nationalem Verfassungsrecht) ist Ausdruck der Supranationalität der Europäischen Gemeinschaft. Der Gemeinschaft bleibt zur Durchsetzung ihrer Kompetenzen gegenüber den Mitgliedstaaten nur die Berufung auf das *Recht* und – als prozedurale ultima ratio – der Appell an den Europäischen Gerichtshof. Dieses Angewiesensein auf das Recht, auf seine Überzeugungs- und Durchsetzungskraft sowie auf seine Respektierung durch die Mitgliedstaaten und deren staatliche Organe unterstreicht den Rang, den die *Idee der Rechtsgemeinschaft* für die Europäische Gemeinschaft hat. Das Recht ist für das Wesen der Gemeinschaft mithin in dreifacher Hinsicht konstitutiv: (1) Die Gemeinschaft ist durch Recht gegründet worden; (2) Aufgabe der Gemeinschaft ist die Rechtsetzung, d. h. die Gestaltung durch Recht; und (3) das Handeln der Gemeinschaft steht unter der Kontrolle des Rechts, die letztinstanzlich durch den Gerichtshof der Europäischen Gemeinschaft wahrgenommen wird. Unterscheidet man für die Schaffung und Durchsetzung von Recht die vier Phasen (a) Rechtspolitik, (b) Rechtssetzung, (c) Rechtsanwendung, (d) Rechtsvollzug, so sind die Kommission für die *Rechtspolitik*, der Rat – insbesondere durch as Instrument VO – für die *Rechtsetzung*, nationale Verwaltungsbehörden und Gerichte – und nur ausnahmsweise die Kommission – für die *Rechtsanwendung*, sowie die nationalen Verwaltungen und Gerichte für den *Rechtsvollzug* zuständig.[14] Das dergestalt konzipierte, gesetzte, angewendete und vollzogene Recht ist zugleich Medium der *Integration* in der Europäischen Gemeinschaft und verbürgt damit das Recht den Zusammenhalt der Gemeinschaft. Dabei hängt der Bestand der Gemeinschaft von der Bereitschaft der Betroffenen – namentlich der Mitgliedstaaten, ihrer Legislative, Exekutive und Judikative (einschließlich ihren Verfassungsgerichtsbarkeiten), aber auch der Bürger – ab, den Anforderungen des Gemeinschaftsrechts nachzukommen und seinen Primat zu respektieren.

---

[13] Vgl. dazu eindringlich und illustrativ *Gagel, A.*, Der Vorrang des Europäischen Rechts und seine Anwendung, in: Deutsche Rentenversicherung (DRV) 1993, S. 1 ff.

[14] Vgl. dazu etwa *Grunwald*, aaO (Fn. 12).

III. Europäisches Gemeinschaftsrecht als Gegenstand sozialrechtlicher Forschung und Lehre

Der *Vertrag zur Gründung der Europäischen Gemeinschaft* als „Verfassung" der Europäischen Union hieß bis zum 1. November 1993, dem Zeitpunkt des Inkrafttretens des *Vertrages über die Europäische Union*, der ihn entsprechend unbenannt hat, Vertrag zur Gründung der Europäischen Wirtschaftsgemeinschaft.

Das Bundesverfassungsgericht hat sich in seiner „Maastricht"-Entscheidung[15] dazu wie folgt geäußert:

> „Die Kompetenzen und Befugnisse, die der Europäischen Union und den ihr zugehörigen Gemeinschaften eingeräumt sind, bleiben, soweit sie durch Wahrnehmung von Hoheitsrechten ausgeübt werden, im wesentlichen Tätigkeiten einer Wirtschaftsgemeinschaft. Die zentralen Tätigkeitsfelder der Europäischen Gemeinschaft sind insoweit die Zollunion und die Freiheit des Warenverkehrs, der Binnenmarkt, die Rechtsangleichung zur Sicherung zur Funktionsfähigkeit des Gemeinsamen Marktes, die Koordinierung der Wirtschaftspolitik der Mitgliedstaaten und die Entwicklung einer Währungsunion."

Die Zukunftsperspektiven der Europäischen Union hat es offen gelassen:

> *„Wohin ein europäischer Integrationsprozeß nach weiteren Vertragsänderungen letztlich folgen soll, mag in der Chiffre der ‚Europäischen Union' zwar im Anliegen einer weiteren Integration angedeutet sein, bleibt im gemeinten Ziel letztlich jedoch offen."*

Angesichts dieser Dominanz des Ökonomischen hat die *soziale Dimension der Gemeinschaft* von Anbeginn an nur eine untergeordnete Rolle gespielt, ist die Sozialpolitik in der Vergangenheit immer nur „die schönste Nebensache Europas"[16] gewesen. (Insoweit ist es auch nur konsequent, wenn *Gabriele Stauner in diesem Band* den Titel ihres Beitrags „Auf dem Weg zu einer Sozialverfassung der Europäischen Union?" mit einem Fragezeichen versehen hat.) Entsprechend war der *Stellenwert des Europäischen Sozialrechts* auch und gerade in Rechtswissenschaft und Rechtslehre.

Das erstmals Mitte der 70er Jahre vorgelegte führende Lehrbuch zum deutschen Sozialrecht von *Bertram Schulin* konnte in seinen ersten drei Auflagen noch auf das Stichwort „Europäisches Gemeinschaftsrecht" überhaupt verzichten.[17] Die 5. Auflage von 1993 weist nunmehr allerdings das „Europäische Gemeinschaftsrecht" aus mit den Unterstichwörtern „primäres", „sekundäres", „freizügigkeitsspezifisches" und „sozialrechtsharmonisierendes Europäisches Gemeinschafts-

---

15 BVerfGE 89, 155 ff., 190.

16 *Henningsen, B.*, Die schönste Nebensache Europas. Zur Geschichte der EG-Sozialpolitik, in: Sozialer Fortschritt (SF) 41 (1992), S. 203 ff.

17 Vgl. *Schulin, B.*, Sozialversicherungsrecht. Ein Studienbuch, 1. Aufl., Düsseldorf 1976; *ders.*, Sozialversicherungsrecht mit einer Einführung in die übrigen Gebiete des Sozialrechts. Ein Studienbuch, 2. Aufl., Düsseldorf 1985; *ders.*, Sozialrecht. Ein Studienbuch, 3. Aufl., Düsseldorf 1989; *ders.*, 5. Aufl. 1993, Rz. 1029–1049 (S. 436 ff.) u. Rz. 20-22 (S. 10 ff.).

recht", widmet im Kapitel „Internationales Sozialrecht" einen eigenen Abschnitt dem „supranationalen Recht" und nennt im Einführungskapitel, welches von den verfassungs- und gemeinschaftsrechtlichen Grundlagen des Sozialrechts handelt, auch die Rechtsquellen und Regelungen des Europäischen Gemeinschaftsrechts. Diese Entwicklung illustriert, daß dem Bedeutungszuwachs, den das EG-Recht in den vergangenen Jahren erfahren hat, mittlerweile auch in der Lehre des deutschen Sozialrechts (wenn auch nicht allenthalben so konsequent wie im hier zitierten Beispielsfall) Rechnung getragen wird. (Im Ausland – Belgien, Frankreich, Großbritannien, Niederlande u.a. – hat man diese Entwicklung hingegen bereits früher wahrgenommen und behandelt, insbesondere auch im Hochschulunterricht ausführlich das Internationale und Europäische Sozialrecht.)

Es hat lange gedauert, bis die deutsche Öffentlichkeit einschließlich der juristischen (und der sozialrechtlichen zumal) Fachöffentlichkeit den Bedeutungszuwachs des Gemeinschaftsrechts registriert hat. Immerhin war der *EWG-Vertrag* bereits seit dem 1. 1. 1958 in Kraft und gehörten die Verordnungen (EWG) Nr. 3 und Nr. 4 des Rates über die soziale Sicherheit der Wanderarbeitnehmer als Vorläufer der heutigen *Verordnungen (EWG) Nr. 1408/71* und *Nr. 574/72 zur Anwendung der Systeme der sozialen Sicherheit auf Arbeitnehmer und deren Familien, die innerhalb der Gemeinschaft zu- und abwandern*, wie ihre Benennung ausweist, zu den ersten Verordnungen, die nach Inkrafttreten des EWG-Vertrages überhaupt erlassen worden sind, und haben bereits damals die Grundlagen gelegt für das koordinierende – oder auch „freizügigkeitsspezifische" – EG-Sozialrecht[18] (welches in der Tat vielleicht *de lege ferenda* eine eigenständige Stellung im EG-Vertrag erhalten und damit zugleich losgelöst werden von den – auch als Ermächtigungsnormen zu engen – Vorschriften über die Freizügigkeit der Arbeitnehmer[19]).

Einen *Gradmesser für die Bekanntheit des Gemeinschaftsrechts* liefert der Umfang der Sozialrechtsprechung des Europäischen Gerichtshofs, hängt doch die Anrufung des Gerichthofs in entscheidendem Maße davon ab, wie der Informationsstand der Bürger, ihrer Rechtsbeistände und der nationalen Gerichte ist. Soweit das Gemeinschaftsrecht den Bürgern der Mitgliedstaaten – die seit „Maastricht" auch Unionsbürger sind – einklagbare Rechte gibt, werden die Bürger der Mitgliedstaaten selbst – gleichsam im Sinne *von Iherings* „Kampf ums Recht" – zu Subjekten des Europarechts.[20]

18 Vgl. zu Begriff und Inhalt des „koordinierenden Sozialrechts" die Ausführungen von *Rose Langer* über „Koordinierendes Sozialrecht und Gleichbehandlung von Männern und Frauen" *in diesem Band.*

19 Für eine Abkehr von der „Freizügigkeitsbezogenheit" der Gemeinschaftsvorschriften über die soziale Sicherheit plädiert auch *Kaupper, H.*, Familienleistungen, in: Schulte, B./Zacher, H. (Hg.), Wechselwirkungen zwischen dem Europäischen Sozialrecht und dem Sozialrecht der Bundesrepublik Deutschland, Berlin 1991, S. 133ff., 145ff.; siehe auch *Langer* in diesem Band.

20 So *Großfeld, B.*, Europäisches Recht und Rechtsstudium, in: Juristische Schulung (JuS) 1994, 710ff., S. 710.

Der Umstand, daß Fragen zur Auslegung der Verordnungen (EWG) Nr. 3/58 und Nr. 4/58 über die soziale Sicherheit der Wanderarbeitnehmer erstmals Ende 1963 – und zwar von *niederländischen* Gerichten – dem Gerichtshof der Europäischen Gemeinschaften gemäß Art. 177 EGV vorgelegt worden sind, mag sowohl auf die nur allmähliche Kenntnisnahme von der Existenz des auch im Sozialbereich in den Mitgliedstaaten unmittelbar anwendbaren Gemeinschaftsrechts als auch auf eine gewisse Zurückhaltung beim Gebrauch des Instruments des in sozialrechtlichen Fragen dominierenden Vorabentscheidungsverfahrens gemäß Art. 177 EGV zurückzuführen sein.

Das spezifische „*sozialrechtliche deutsche Vorverständnis*" gegenüber dem Gemeinschaftsrecht ist aus anwaltlicher Sicht wie folgt beschrieben worden:

> „Die Reaktion der deutschen Praxis auf das europäische Recht war stets eine mißtrauische – die Handhabung in der Praxis konnte man sich weithin kaum vorstellen. ... Die Richterschaft stufte die Vorabentscheidung zunächst als weitere ungewollte Instanz – wie das Bundesverfassungsgericht – ein. Die Anwaltschaft hat sich gleichfalls abstinent gehalten, weil dem forensisch tätigen Anwalt das europäische Recht selten in einer Form begegnete, die sich für eine unkomplizierte Durchsetzung im Gerichtswege und gerade auch für eine Durchsetzung unter Einbeziehung des EuGH anbot."[21]

---

21 Vgl. *Pott, H.-M.*, Sozialgerichtsbarkeit und Europäischer Gerichtshof – Das Vorabentscheidungsverfahren nach Art. 177 EWG-Vertrag und seine Vorbereitung vor den nationalen Gerichten, in: Deutsches Anwaltsinstitut e.V. / Fachinstitut für Sozialrecht (Hg.), Brennpunkte des Sozialrechts 1993 (Thesen und Ergebnisse der 5. Sozialrechtlichen Arbeitsagung vom Februar 1993 in Kassel), Herne 1993, S. 79 ff., 80. Vgl. zur Judikatur des Europäischen Gerichtshofs in sozialen Angelegenheiten – hier nur aus Raumgründen beschränkt auf das deutschsprachige Schrifttum – die früher jährlich, nun alle zwei Jahre erfolgende Berichterstattung von *Schulte, B.*, Das Sozialrecht in der Rechtsprechung des Europäischen Gerichtshofs, in: Wannagat, G. / Gitter, W. (Hg.), Jahrbuch des Sozialrechts der Gegenwart, Berlin, Bd. 1 (1979), S. 353 ff.; Bd. 2 (1980), S. 359 ff.; Bd. 3 (1981), S. 419 ff.; *Schulte, B.*, in: Bd. 4 (1982), S. 439 ff.; Bd. 5 (1983), S. 403 ff.; Bd. 6 (1984), S. 455 ff.; Bd. 7 (1985), S. 407 ff.; Bd. 8 (1986), S. 457 ff.; Bd. 10 (1988), S. 453 ff. (Bde 1–3 zus. m. *Zacher, H.)*; Bd. 12 (1990), S. 389 ff.; Bd. 14 (1992), S. 387 ff. Bd. 16 (1994), S. 453 ff.; *ders.*, Aktuelle Fragen aus der Rechtsprechung des Gerichtshofs der Europäischen Gemeinschaften zum Sozialrecht, in: Deutsches Anwaltsinstitut e.V. / Fachinstitut für Sozialrecht (Hg.), op. cit., S. 93 ff.; *ders.*, Konfliktfelder im Verhältnis zwischen mitgliedstaatlichem und Europäischem Recht, in: Eichenhofer, E. / Zuleeg, M. (Hg.), Die Rechtsprechung des Gerichtshofs der EG zum Arbeits- und Sozialrecht im Streit, Köln 1995 (*in Druck*); vgl. ferner z. B. *Bahlmann, K.*, Das Sozialversicherungsrecht in der Europäischen Gemeinschaft, in: Die Angestelltenversicherung (DAngVers) 1989, S. 169 ff.; *Borchardt, K.-D.*, Die Rechtsprechung des Gerichtshofs der EG und das Sozialrecht, in: Zeitschrift für Sozialhilfe und Sozialgesetzbuch (ZfSH / SGB) 1981, S. 318 ff.; *Ehlermann, C. / Koch, N.*, Europäisches Sozialrecht, in: Sozialrechtsprechung. Verantwortung für den sozialen Rechtsstaat. Festschrift zum 25jährigen Bestehen des Bundessozialgerichts, Köln 1979, Bd. 2, S. 965 ff.; *Eichenhofer, E.*, Die Rolle des Europäischen Gerichtshofes bei der Entwicklung des Europäischen Sozialrechts, in: Die Sozialgerichtsbarkeit (SGb.) 39 (1992), S. 573ff; *Ewert, H.*, Der Beitrag des Gerichtshofs der Europäischen Gemeinschaften zur Entwicklung eines Europäischen Sozialrechts, dargestellt am Beispiel der Verordnung (EWG) Nr. 1408/71, München 1984; *Haase, W.*, Zum Vorrang des EG-Sozialrechts, in: Kompaß 103 (1993), S. 245 ff.; *Heinze, H.*, Sozialversicherungsrecht vor dem EuGH, in: Die Angestelltenversicherung (DAngVers) 31 (1984), S. 157 ff.; *Klang, K.*, Soziale

Die Rechtswissenschaft hat es in der Vergangenheit über Jahre hinweg versäumt, die Relevanz des Europäischen Sozialrechts im allgemeinen und die Bedeutung der dieses Rechtsgebiet maßgeblich prägenden, ja es vielleicht sogar konstituierenden Rechtsprechung des Europäischen Gerichtshofs im besonderen für die Praxis zu verdeutlichen und das Europäische Sozialrecht überhaupt verständlich und handhabbar zu machen.

Sicherheit und Freizügigkeit im EWG-Vertrag. Analyse der Grundsatzproblematik einer Norminterpretation durch den Gerichtshof der Europäischen Gemeinschaften, Baden-Baden 1986; *Lenz, C.-O.*, Aktuelle Probleme auf dem Gebiet des EWG-Sozialrechts, in: Die Sozialgerichtsbarkeit (SGb.) 1988, S. 1 ff.; *Maydell, B. von*, Die sozialrechtliche Rechtsprechung des Europäischen Gerichtshofs, in: Entwicklung des Sozialrechts als Aufgabe der Rechtsprechung. Festgabe aus Anlaß des 100jährigen Bestehens der sozialgerichtlichen Rechtsprechung, Köln 1984, S. 757 ff.; *Ohler, R.*, Die Rechtsprechung des EuGH zur Koordinierung der Familienleistungen für Wanderarbeitnehmer nach Europäischem Gemeinschaftsrecht – Folgeprobleme und Friktionen, Diss. jur. Münster 1991; *Pollmann, C.*, Die Rolle des Rechts bei der Durchsetzung der EG-Freizügigkeit, in: Kritische Vierteljahresschrift für Gesetzgebung und Rechtswissenschaft (KritV) 74 (1991), S. 23 ff.; *Pompe, P.*, Leistungen der sozialen Sicherheit bei Alter und Invalidität für Wanderarbeitnehmer nach Europäischem Gemeinschaftsrecht. Unter besonderer Berücksichtigung der Rechtsprechung des Europäischen Gerichtshofs und des Bundessozialgerichts, Köln 1986; *Reiter, H.*, Verschränkung europäischer und deutscher Gerichtsbarkeit, in: Zeitschrift für Sozialhilfe und Sozialgesetzbuch (ZfSH / SGB) 29 (1990), S. 10 ff. u. 57 ff.; *Schulte, B.*, Auf dem Weg zu einem Europäischen Sozialrecht? Der Beitrag des EuGH zur Entwicklung des Sozialrechts in der Gemeinschaft, in: Europarecht (EuR) 1982, S. 357 ff.; *ders.*, Europäisches und nationales Sozialrecht, in: Nicolaysen, G. / Rabe, H.-J. (Hg.), Europäisches Arbeits- und Sozialrecht (Europarecht 1990, Beiheft 1), Baden-Baden 1990, S. 35 ff.; *ders.*, Europäisches Sozialrecht – Ein Überblick, in: Deutscher Sozialrechtsverband e.V. (Hg.), Europäisches Sozialrecht, Wiesbaden 1992, S. 7 ff.; *Streil, J.*, Die Rechtsprechung des Gerichtshofs der Europäischen Gemeinschaften in Arbeits- und Sozialsachen, in: Recht der Arbeit (RdA) 1975, S. 209 ff.; *ders.*, Der Beitrag des Gerichtshofs der Europäischen Gemeinschaften zur Entwicklung des Sozialrechts in der EG, Baden-Baden 1986, S. 95 ff.; *Touffait, A.*, Die neuere Rechtsprechung auf dem Gebiet des freien Personenverkehrs und der sozialen Sicherheit der Wanderarbeitnehmer, in: Recht der Arbeit (RdA) 1982, S. 345 ff.; *Wiegand, D.*, Funktion und praktische Auswirkungen der richterlichen Vorlagen an den Europäischen Gerichtshof aus der Sicht des Bundessozialgerichts, in: Deutsche Sektion der Internationalen Juristen-Kommission (Hg.), Das Zusammenwirken der europäischen Gerichte und der nationalen Gerichtsbarkeit, Heidelberg 1989, S. 49 ff.; *ders.*, Die Aufgaben der Sozialgerichtsbarkeit bei der Angleichung von nationalem und europäischem Sozialrecht, in: Zeitschrift für Sozialreform (ZSR) 1991, S. 455 ff.; *Willms, B.*, Soziale Sicherung durch Europäische Integration. Auswirkungen des Gemeinschaftsrechts auf Ansprüche gegen deutsche Sozialleistungsträger, Baden-Baden 1990; *Zuleeg, M.*, Der Schutz sozialer Rechte in der Rechtsordnung der Europäischen Gemeinschaft, in: Europäische GRUNDRECHTE-Zeitschrift (EuGRZ) 1992, S. 329 ff. Vgl. schließlich die Beiträge in den Tagungsbänden Schulte, B. / Zacher, H. (Hg.), Wechselwirkungen zwischen dem Europäischen Sozialrecht und dem Sozialrecht der Bundesrepublik Deutschland, aaO (Fn. 19); Deutscher Sozialrechtsverband e.V. (Hg.), op. cit.; jüngst – ambitiös und vielversprechend – Oetker, H. / Preis, U. (Hg.), Europäisches Arbeits- und Sozialrecht (EAS), Rechtsvorschriften, systematische Darstellungen, Entscheidungssammlung, Heidelberg 1994 ff. (Loseblatt); demnächst die Beiträge in Eichenhofer, E. / Zuleeg, M. (Hg.), op. cit.; schließlich jüngst die Erläuterungen der Verordnungen (EWG) Nr. 1408/71 und Nr. 574/72 in: Nomos Kommentar zum Europäischen Sozialrecht, Baden-Baden 1994.

Von Maydell hat es noch Mitte der 80er Jahre in einem Beitrag zur Festgabe aus Anlaß des 100-jährigen Bestehens der sozialgerichtlichen Rechtsprechung als ein „erstaunliches Phänomen" bezeichnet, daß in einem derartigen Sammelwerk ein Beitrag über die Rechtsprechung des Europäischen Gerichtshofs enthalten sei – erstaunlich deshalb, weil das Sozialrecht lange Zeit *„als territorial bestimmtes und begrenztes Recht aufgefaßt wurde und weitgehend auch heute noch aufgefaßt wird"*.[22] Auf anderen Rechtsgebieten – so im benachbarten *Steuerrecht* – sieht es freilich ähnlich aus (ja ist der Grad der Nichtbeachtung des EG-Rechts – etwa was die Befolgung des Diskriminierungsverbots aus Art. 48 Abs. 2 EGV im Verhältnis zu Wanderarbeitnehmern aus Mitgliedstaaten der EG, die vom Recht auf Freizügigkeit Gebrauch machen, angeht – durch die höchstrichterliche Rechtsprechung des Bundesfinanzhofs möglicherweise sogar noch größer.[23]

Allerdings ist denjenigen, die berufen waren und sind, sich mit dem Europäischen Sozialrecht auseinander zu setzen, zugute zu halten, daß sich nicht nur das EG-Recht insgesamt vom nationalen Recht deutlich unterscheidet und eine eigenständige, anfänglich neue und auch heute noch sehr schwierige Rechtsmaterie darstellt, sondern daß insbesondere auch die Judikate des Europäischen Gerichtshofs, die sowohl für Auslegung wie Anwendung des Europäischen Sozialrechts eine hervorragende Rolle spielen, im Hinblick auf ihren (stark vom französischen Recht geprägten) *Stil* – vergleicht man sie etwa mit den höchstrichterlichen Entscheidungen deutscher Gerichte –, *Sprache* – namentlich wenn es sich um Übersetzungen handelt – und *Form* (zumal für deutsche Juristen) recht ungewöhnlich anmuten.[24] Die Entscheidungen des Gerichtshofs sind insbesondere deshalb nur schwer zu erschließen, weil die Darstellung des Ausgangsverfahrens, die zum Verständnis der Vorlagefrage häufig unverzichtbar ist, in der Regel sehr knapp gehalten ist, die Urteilsbegründung zumeist recht kurz ist und auf eine Auseinandersetzung mit der Judikatur anderer Gerichte sowie mit der Literatur verzichtet, und die Entscheidungen, zumal als „Produkte" eines Kollegialorgans, nicht selten wenig konsistent sind. Diese Schwierigkeiten, ja vielleicht – aus Sicht der Betroffenen und sonstwie Beteiligten – auch Mängel werden verständlich, wenn man sich die spezifische Zusammensetzung und Arbeitsweise des Gerichtshofs vergegenwärtigt, der sich aus Richtern aus verschiedenen Ländern – nämlich aus allen Mitgliedstaaten –, entsprechend unterschiedlichen Rechtskulturen und juristischen Tätigkeitsfeldern zusammensetzt und welcher zudem über keine „gemeinsame Sprache" (im wörtlichen wie im übertragenen Sinne) verfügt.

---

22 Vgl. *von Maydell, B.*, aaO (Fn. 21), S. 757.

23 So jedenfalls *Eckhoff, R.*, Freizügigkeit der Arbeitnehmer, in: Birk, D. (Hg.), Handbuch des Europäischen Steuer- und Abgabenrechts, Herne 1995, S. 501 ff., 507

24 So etwa gleichsam aus „bundesrichterlicher Sicht" *Griebeling, G.*, Die Rechtsprechung des Europäischen Gerichtshofs und ihre Bedeutung für die Rechtsprechung des Bundesarbeitsgerichts, in: Betriebliche Altersversorgung in neuen Märkten, Wiesbaden 1991, S. 107 ff., 122.

(Aus diesem Grunde ist derjenige, der sich mit den Urteilen auseinandersetzen muß, die in Luxemburg gefällt werden, besonders dankbar für die Tätigkeit der Generalanwälte,[25] erschließt sich doch die ganze Dimension eines Rechtsstreits häufig, wie es in einer Würdigung der Rechtsprechung des Europäischen Gerichtshofs in der Gedächtnisschrift für den (zumindest in rechtswissenschaftlichen Insider-Kreisen) aufgrund der ihm gewidmeten Gedächtnisschrift berühmten deutschen Rechtsgelehrten Friedrich Nagelmann heißt, erst bei eingehendem Studium der nicht wie die Urteile von einem Kollegialorgan, sondern von einem einzelnen (eben dem Generalanwalt) formulierten Schlußanträge

> „jenes Helfers des Gerichtshofs ..., der diesem den Akteninhalt vorzulesen, ihm seine Rechtsprechung in Erinnerung zu rufen, die Urteilsgründe vorzuformulieren und den Urteilstenor vorzuschlagen hat und dessen Ausführungen zur Belohnung für diese Mühewaltungen in voller Länge in der amtlichen Sammlung abgedruckt werden."[26])

In Abhandlungen und Erläuterungen – auch beispielsweise noch im jüngst erschienenen Gemeinschaftskommentar zum Europäischen Sozialrecht[27] – zur Sozialrechtsprechung des Europäischen Gerichtshofs (die eigenen Beiträge des Referenten selbstkritisch eingeschlossen) werden die Schlußanträge der Generalanwälte als Erkenntnisquellen bislang nur höchst unzureichend verwertet.[28]

C. Gegenstandsbereich des EG-Sozialrechts

I. Primäres und sekundäres Gemeinschaftsrecht

Die Intensivierung der Rechtsetzung in der Gemeinschaft unter dem Vorzeichen des Europäischen Binnenmarktes durch die weitgehende Einführung des Mehrheitsprinzips anstelle des Einstimmigkeitsgrundsatzes für Maßnahmen, die zur Errichtung des Binnenmarktes erforderlich sind, hat die Aufmerksamkeit auch einer breiten Öffentlichkeit auf die Bedeutung des Gemeinschaftsrechts gelenkt und diese Materie, die bis dato den „Europarechtlern" gleichsam als eigenständiges Rechtsgebiet zugewiesen war und mit dem sich Zivilrechtler, Öffentlichrechtler und auch Sozialrechtler jedenfalls intensiv nicht so recht zu befassen hatten (oder

---

25 Vgl. dafür exemplarisch den Beitrag von Generalanwalt *Carl Otto Lenz* zum Thema „Der Beitrag der Rechtsprechung zur Entwicklung des Europäischen Sozialrechts" *in diesem Band.*

26 So trefflich *Priebe, R.*, Der Alkohol in der Rechtsprechung des Gerichtshofs der Europäischen Gemeinschaften – oder: Ein Beitrag zum Verständnis supranationaler Rechtsprechung, in: Umbach, D. u.a. (Hg.), Das wahre Verfassungsrecht. Zwischen Lust und Leistung. Gedächtnisschrift für Friedrich Nagelmann, Baden-Baden 1984, S. 147 ff. 151.

27 Nomos Kommentar zum Europäischen Sozialrecht, aaO (Fn. 21).

28 Zu einer Analyse des EG-Sozialrechts aus der Sicht eines Generalanwalts vgl. den Beitrag von *Carl Otto Lenz in diesem Band* (Fn. 25).

jedenfalls nicht zu befassen zu brauchen meinten), zu einer allgemein zu berücksichtigenden Rechtsmaterie gemacht.[29]

Die Schaffung des Binnenmarktes als eines „Raums ohne Binnengrenzen, in dem der freie Verkehr von Waren, Personen, Dienstleistungen und Kapital gewährleistet ist",[30] hat geführt zur „Europäisierung" des Zollrechts, zur Beseitigung sog. technischer Handelshemmnisse durch Vereinheitlichung von Rechtsvorschriften und Verwaltungspraktiken in den Mitgliedstaaten in den einzelnen Wirtschaftsbereichen, zum Abbau materieller Schranken auf dem Gebiet der Waren- und Personenkontrolle im grenzüberschreitenden Verkehr, zur gemeinschaftsrechtlichen Regelung des öffentlichen Auftragswesens, zur Verwirklichung der Freizügigkeit von Arbeitnehmern und Selbständigen durch Vorschriften über die Berufsausbildung und die Anerkennung von Diplomen sowie zur Gewährleistung von Dienstleistungs- und Niederlassungsfreiheit mit ihren Konsequenzen für das Unternehmensrecht, den Zahlungsverkehr, das Banken- und Versicherungswesen, das Steuerrecht u.a. Die Gemeinsamen Politiken der Gemeinschaft im Bereich der Landwirtschaft, des Verkehrs, des Wettbewerbs, der Handelspolitik und des Außenwirtschaftsrechts sowie die zunehmend relevanter werdenden Kompetenzen der Gemeinschaft im Bereich von Forschung, technologischer Entwicklung, Umweltschutz und – jüngst – Gesundheitsschutz u.a. haben das entsprechende nationale Recht der Mitgliedstaaten stark beeinflußt. Die *Einheitliche Europäische Akte* von 1986, welche die rechtlichen Voraussetzungen für die Schaffung des Binnenmarktes gelegt hat, ist in diesem Zusammenhang vor allem insofern von Bedeutung gewesen, als sie den Entscheidungsprozeß im Rat durch die Erleichterung von Mehrheitsentscheidungen beschleunigt und zugleich die Mitwirkungsrechte des Parlaments gestärkt hat.[31] Diese partielle Verdrängung der nationalen Rechtsordnungen durch das Eu-

---

29 Vgl. zu dieser Entwicklung auch Deputation des Deutschen Juristentages (Hg.), Verhandlungen des 59. Deutschen Juristentages, Hannover 1992, Bd. II (Sitzungsberichte), Teil C, München 1992, T 8 ff. T 8.

30 So die Definition des Binnenmarktes in Art. 8 a S. 2 EWGV a.F. (in den EWG-Vertrag, eingefügt durch die Einheitliche Europäische Akte vom 28. Februar 1986). Zu diesen Rechtsgrundlagen des Gemeinschaftsrechts, soweit sie für das Sozialrecht relevant sind, vgl. Schulte, B. (Hg.), Soziale Sicherheit in der EG, 2. Aufl., München 1993 (3. Aufl. *i. Vorb. 1995)*; zum EG-Recht insgesamt vgl. Beutler, B./Bieber, R./Pipkorn, J./Streil, J. (Hg.), Das Recht der Europäischen Gemeinschaft. Textsammlung (Loseblatt), Baden-Baden (Stand: 1994); zum EG-Vertrag vgl. im übrigen Grabitz, E. (Hg.), Kommentar zum EWG-Vertrag, München: Stand November 1991; Groeben, H. von der/Thiesing, J./Ehlermann, C.-D. (Hg.), Kommentar zum EWG-Vertrag, 4. Aufl., Baden-Baden 1991; *Hailbronner, K./Klein, E./Magiera, S./Müller-Graff, P.-Ch.*, Handkommentar zum EU-Vertrag, Köln u.a. 1994 ff.; Lenz, C. (Hg.), EG-Vertrag. Kommentar zu dem Vertrag zur Gründung der Europäischen Gemeinschaft, Köln 1994; Zum EG-Recht vgl. u.a. *Beutler* et al., Die Europäische Gemeinschaft – Rechtsordnung und Politik, 5. Aufl., Baden-Baden 1994; aktuell unter Berücksichtigung von „Maastricht" und bereits im Vorgriff auf die am 1. Januar 1995 wirksam werdende Erweiterung der Europäischen Union um Finnland, Österreich und Schweden, *Streinz, R.*, Europarecht, 2. Aufl., Heidelberg: C.F. Müller, 1995.

31 Vgl. zu einem Überblick etwa *Immenga, U.*, Binnenmarkt durch europäisches Gemeinschaftsrecht, in: Juristische Arbeitsblätter (JA) 1993, S. 257 ff.

ropäische Recht, die hierzulande unter ökonomischen Vorzeichen im Interesse der Schaffung eines großen einheitlichen Wirtschaftsraumes weithin begrüßt worden ist, stößt jedoch auf erhebliche politische, verfassungsrechtliche und allgemeinrechtliche Bedenken. So wird beispielsweise eine (wirkliche oder vermeintliche) mit dieser Entwicklung in den einzelnen Staaten verbundene Einbuße an nationaler Rechtskultur beklagt: Soweit das Gemeinschaftsrecht nicht nur die Gebiete z. B. des Wirtschaftsverwaltungs- und Gewerberechts, wo ein kultureller Bezug nicht so unmittelbar vorhanden sein möge, sondern auch genuin privatrechtliche Gebiete erfasse, bestehe die Gefahr, daß ganz wesentliche Bereiche des Zusammenlebens künftig geregelt würden durch *„ein sehr bürgerfernes zentralistisches Recht, das ohne Kontrolle des in der Basis verwurzelten Parlamentariers entsteht.“*[32]

Es kann dahingestellt bleiben, inwieweit diese Bedenken für das Zivilrecht zutreffen. Für das Sozialrecht ist eine derartige Bewertung jedenfalls gegenwärtig deshalb nicht angebracht, als dieses Rechtsgebiet insgesamt vergleichsweise wenig gemeinschaftsrechtlich geprägt ist, haben doch bereits die Schöpfer des Vertrages von Rom den Vorschriften über das „Soziale“, namentlich denjenigen über die Sozialpolitik in den Artt. 117-128 EWGV a.F. (und heute den Artt. 117-127 u. 129 EGV) keinen anderen Politikbereichen ebenbürtigen Rang eingeräumt.

So soll die Gemeinschaft seit Maastricht beispielsweise gemäß Art. 126 EGV zur Entwicklung einer qualitativ hochstehenden *Bildung* dadurch beitragen, daß sie die Zusammenarbeit zwischen den Mitgliedstaaten fördert und die Tätigkeiten der Mitgliedstaaten erforderlichenfalls unterstützt und ergänzt. Nach Art. 127 EGV soll die Gemeinschaft u.a. die Anpassung an industrielle Wandlungsprozesse durch berufliche Bildung und Umschulung erleichtern, die berufliche Erstausbildung und Weiterbildung verbessern, die Mobilität der Ausbilder und Ausgebildeten fördern. Art. 129 EGV begründet eine ausdrückliche Gemeinschaftskompetenz für das *Gesundheitswesen*, die sich allerdings auf die Förderung der Zusammenarbeit zwischen den Mitgliedstaaten sowie erforderlichenfalls einer Unterstützung ihrer Tätigkeit beschränkten.

II. Freizügigkeitsspezifisches EG-Sozialrecht als Kernbereich des EG-Sozialrechts

Bis zum heutigen Tage kommt den als „Annex“ zu den Personenfreiheiten des EWG-Vertrages erlassenen Verordnungen über die soziale Sicherheit der Wanderarbeitnehmer[33] die größte praktische Bedeutung zu.

---

32 So *Baur, J.*, Der Europäische Binnenmarkt – Normative Grundlagen (Teil 2), in: Juristische Arbeitsblätter (JA) 25 (1992), S. 97 ff., 102.

33 Vgl. dazu Schulte (Hg.), Soziale Sicherheit in der EG, Verordnungen (EWG) Nr. 1408/71 und 574/72 sowie andere Bestimmungen, 2. Aufl., München 1993 (3. Aufl. *i. Vorb. für 1995*); Nomos Kommentar zum Europäischen Sozialrecht, Baden-Baden 1994; jetzt insbesondere auch Oetker, H./Preis, U. (Hg.), Europäisches Arbeits- und Sozialrecht (EAS).

Zur Verwirklichung des Gemeinsamen Marktes gewährleistet der EG-Vertrag keine allgemeine wirtschaftliche Betätigungsfreiheit, sondern – differenziert und unterschiedlich weit gefaßt – die Freiheiten des Waren-, Personen-, Kapital- und Zahlungsverkehrs.[34] Neben der Dienstleistungsfreiheit und dem freien *Niederlassungsrecht* für *Selbständige* ist die *Freizügigkeit* der Arbeitnehmer und Arbeitnehmer*innen* Bestandteil der Freiheit des Personenverkehrs.

Mit Wirkung vom 1. Juli 1992 ist die Freizügigkeit auf *Studenten*, aus dem Erwerbsleben ausgeschiedene Personen, d. h. *Rentner*, und *sonstige nichterwerbstätige Personen* (im EG-Jargon: „Playboys") ausgedehnt worden.[35]

Um „Sozial(hilfe)tourismus" zu verhindern, müssen die Angehörigen dieser Personenkreise, wenn sie von dem ihnen eingeräumten Recht auf Freizügigkeit Gebrauch machen wollen, allerdings das Bestehen eines Krankenversicherungsschutzes im Heimatland nachweisen sowie hinreichende finanzielle Mittel zum Bestreiten ihres Lebensunterhalts in ihrem künftigen Wohn- bzw. Aufenthaltsstaat glaubhaft machen. Aus diesem Grunde steht auch künftig nicht zu erwarten, daß Wanderungsbewegungen von EU-Angehörigen zu unverträglichen Belastungen der Mindestsicherungs- bzw. Sozialleistungssysteme – und hier insbesondere der Sozialhilfesysteme – der Mitgliedstaaten führen werden.

Freizügigkeit der Arbeitnehmer bedeutet, daß Arbeitnehmern aus den zwölf (und am 1. 1. 1995 wirksam werdenden EU-Beitritt Finnlands, Österreichs und Schwedens fünfzehn) Mitgliedstaaten der Gemeinschaft wie auch der anderen Mitgliedstaaten des Europäischen Wirtschaftsraums (EWR) – derzeit Finnland, Island, Norwegen, Österreich, Schweden – ungeachtet ihrer Staatsangehörigkeit der freie Zugang zur Beschäftigung sowie Inländergleichbehandlung in jedem Mitgliedstaat gewährleistet wird. Art. 48 Abs. 2 EGV, der die Abschaffung jeder auf der Staatsangehörigkeit beruhenden unterschiedlichen Behandlung der Arbeitnehmer der Mitgliedstaaten in bezug auf Beschäftigung, Lohn und sonstige Arbeitsbedingun-

---

Rechtsvorschriften, systematische Darstellungen, Entscheidungssammlung, Heidelberg 1994 ff. Zu einer knappen instruktiven Gesamtdarstellung des EG-Sozialrechts vgl. *Borchardt, K.-D.* II. Sozialrecht, in: Dauses, M. (Hg.), Handbuch des EG-Wirtschaftsrecht, München 1982 ff. (Loseblatt).

34 Vgl. zu diesen Wirkungen des Gemeinschaftsrechts z. B. die Beiträge in Lenz, C. (Hg.), EG-Handbuch Recht im Binnenmarkt, 2. Aufl., Herne 1994; Röttinger, M. / Weyringer, C. (Hg.), Handbuch der europäischen Integration. Strategie – Struktur – Politik, in: EG-Binnenmarkt, Wien 1991; zu den einschlägigen Rechtsvorschriften vgl. Europäisches Wirtschaftsrecht. Sammlung von EG-Rechtsvorschriften für den Europäischen Binnenmarkt (Textausgabe mit Einführungen, Anmerkungen und Verweisen) (Hg. Borries, R. von / Winkel, K.), München: Stand 1. 1. 1992; Dauses, M. (Hg.), Handbuch des EG-Wirtschaftsrechts, aaO (Fn. 33). Zu den gleichfalls tiefgreifenden Auswirkungen des EG-Rechts auf das Steuer- und Abgabenrecht vgl. die instruktiven Beiträge in: Birk, D. (Hg.), Handbuch des Europäischen Steuer- und Abgabenrechts, Herne / Berlin 1995.

35 Vgl. Richtlinien (EWG) 90/364 / EWG, ABl. EG 1990 Nr. L 180/26 – betr. Aufenthaltsrecht –, 90/365 / EWG, ABl. EG 1990 Nr. L 180/28 – betr. Rentner –, und 90/366 / EWG, ABl. EG 1990 Nr. L 180/30 – betr. Studenten –.

gen vorschreibt, konkretisiert das allgemeine Diskriminierungsverbot des Art. 6 EGV, der „unbeschadet besonderer Bestimmungen des Vertrages" jede Diskriminierung aus Gründen der Staatsangehörigkeit untersagt".

Für die rechtliche Stellung der Wanderarbeitnehmer besonders bedeutsam ist *Art. 7 VO (EWG) Nr. 1612/68 über die Freizügigkeit der Arbeitnehmer.* Danach darf ein Arbeitnehmer, der Staatsangehöriger eines Mitgliedstaates ist, im Hoheitsgebiet der anderen Mitgliedstaaten hinsichtlich der Beschäftigungs- und Arbeitsbedingungen, insbesondere in bezug auf Entlohnung, Kündigung und, falls er arbeitslos geworden ist, im Hinblick auf berufliche Wiedereingliederung oder Wiedereinstellung, nicht anders behandelt werden als inländische Arbeitnehmer und genießt dort gemäß Art. 7 Abs. 2 auch die „gleichen sozialen und steuerlichen Vergünstigungen wie die inländischen Arbeitnehmer". Diese Gleichstellung mit Inländern in bezug auf *soziale Vergünstigungen* gilt auch für solche Vorteile, die nicht dem Wanderarbeitnehmer selbst, sondern seinen Familienangehörigen zugute kommen.

Dieses *Gebot der Inländergleichbehandlung* ist in der Praxis bedeutsam für *Leistungen, die nicht zur sozialen Sicherheit i.S. des Gemeinschaftsrechts gehören,* wie z. B. Hilfen für Behinderte, Wohngeld, Wohn- und Familiendarlehen, Zugang zu Sozialwohnungen und sonstigen sozialen Einrichtungen (z. B. Kindergärten und Schulen), Fahrpreisermäßigungen bei öffentlichen Verkehrsmitteln, Leistungen der Ausbildungsförderung, sowie für die Sozialhilfe. Allerdings besteht ein derartiger Anspruch auf Gleichbehandlung in bezug auf soziale Vergünstigungen nur, solange der Wanderarbeitnehmer und seine Familienangehörigen sich in dem betreffenden Beschäftigungsstaat aufhalten. Ein „Leistungsexport", d. h. eine Gewährung von Leistungen in einen anderen Mitgliedstaat (z. B. in den Heimat- oder Wohnstaat des Wanderarbeitnehmers) findet im Rahmen des Art. 7 Abs. 2 VO (EWG) Nr. 1612/68 (im Gegensatz zur Regelung des Art. 10 VO (EWG) Nr. 1408/71 für Leistungen der sozialen Sicherheit) nicht statt. Auch ist diese Gleichstellung mit Inländern in bezug auf „soziale Vergünstigungen" vom persönlichen Geltungsbereich der Verordnung her beschränkt auf Arbeitnehmer.

Diskutiert wird allerdings die Frage, ob sich andere EG-Staatsangehörige, namentlich Selbständige nicht unmittelbar auf das allgemeine Diskriminierungsverbot des Art. 6 EGV berufen können, um mit Inländern in bezug auf derartige Leistungen – z. B. Sozialhilfeleistungen – gleichbehandelt zu werden.[36] In der Tat ist es nämlich unverständlich, daß selbständig Erwerbstätige Arbeitnehmern kraft Erstreckung des persönlichen Geltungsbereichs der Verordnungen (EWG) Nr. 1408/71 und Nr. 574/72 auf Selbständige seit Anfang der 80er Jahre zwar in Ansehung von „Leistungen der sozialen Sicherheit" i. S. d. Art. 40 (EWG) Nr. 1408/71

---

36 Vgl. dazu *Ketelsen, J.*, Sozialhilfe und Gemeinschaftsrecht, in: Zeitschrift für Sozialreform (ZSR) 1990, S. 331 ff.; auch *Schulte, B.*, Grundsicherung – Sozialhilfe, in: Deutscher Sozialrechtsverband e.V. (Hg.), Europäisches Sozialrecht, Wiesbaden 1992, S. 199 ff.; *ders.*, Armut und Armutsbekämpfung in der Europäischen Gemeinschaft, in: Zeitschrift für Sozialhilfe und Sozialgesetzbuch (ZfSH / SGB) 31 (1992), S. 393 ff. u. 462 ff.

gleichgestellt sind, mangels einer entsprechenden sekundärrechtlichen Fortentwicklung aber nicht im Hinblick auf „sonstige soziale Vergünstigungen" i. S. d. Art. 7 Abs. 2 VO (EWG) Nr. 1612/68.

Für den Bereich der *sozialen Sicherheit* i. S. d. Gemeinschaftsrechts, d. h. für das Sozialversicherungs-, Arbeitsförderungs- und Kindergeldrecht nach deutscher sozialrechtlicher Systematik enthalten die *Verordnungen (EWG) Nr. 1408/71 und Nr. 574/72*, welche die Anwendung der Systeme der sozialen Sicherheit auf Arbeitnehmer und Selbständige sowie deren Familienangehörige, die innerhalb der Gemeinschaft zu- und abwandern, betreffen, eine Sonderregelung, die der Verordnung (EWG) Nr. 1612/68 und damit auch dem Art. 7 Abs. 2 VO (EWG) Nr. 1612/68 vorgeht.

Die genannten Verordnungen füllen die Vorschrift des Art. 51 EGV aus, die dem Umstand Rechnung trägt, daß die Freizügigkeit der Arbeitnehmer in der Europäischen Gemeinschaft beeinträchtigt würde, müßte ein Arbeitnehmer befürchten, bei der „Wanderung" von einem Mitgliedstaat in einen anderen aufgrund daraus resultierender Zugehörigkeit zu verschiedenen nationalen Systemen der sozialen Sicherheit bestimmte Leistungen nicht zu erhalten oder bereits erworbene Ansprüche auf Leistungen zu verlieren. Die Verordnungen haben deshalb ein System – „Regime" – geschaffen, das zum Zwecke der Ausübung einer Erwerbstätigkeit in Mitgliedstaaten der Gemeinschaft aus- und einwandernden Arbeitnehmern – und seit Anfang der 80er Jahre auch Selbständigen –, welche die Staatsangehörigkeit eines EU-Staates haben, in ihrem Beschäftigungsstaat zum einen die Zusammenrechnung aller nach den verschiedenen innerstaatlichen Rechtsvorschriften zu berücksichtigenden Zeiten für den Erwerb und die Aufrechterhaltung des Leistungsanspruchs sowie für die Berechnung der Leistungen sichert, und welches zum zweiten die Zahlung von Leistungen auch an Personen vorsieht, die nicht im Beschäftigungsstaat, sondern in anderen Mitgliedstaaten (z. B. in ihrem Heimatstaat) wohnen.

Aufgrund des sog. *Zusammenrechnungsgrundsatzes* muß demgemäß ein Wanderarbeitnehmer, der in verschiedenen Mitgliedstaaten beschäftigt und versichert gewesen ist, in jedem Mitgliedstaat in bezug auf die Entstehung eines Rentenanspruchs, insonderheit im Hinblick auf die Dauer seiner Vorversicherungszeiten, bisherigen Beschäftigungs- und Wohnzeiten, so behandelt werden, als hätte er sämtliche überhaupt in EU-Staaten und seit 1. 1. 1994 auch EWR-Staaten zurückgelegte derartige Zeiten in dem betreffenden Mitgliedstaat zurückgelegt.

Darüber hinaus gewährleistet das Gemeinschaftsrecht, daß Ansprüche auf Geldleistungen, die in einem Mitgliedstaat erworben worden sind, in jedem anderen Mitgliedstaat erfüllt werden müssen, und sieht mithin den *Export* von Geldleistungen der sozialen Sicherheit vor (Art. 10 VO (EWG) Nr. 1408/71).

Diese Vorschriften über die soziale Sicherheit der Wanderarbeitnehmer und ihrer Familienangehörigen sowie – nach der Erstreckung des persönlichen Geltungsbereichs der Verordnung (EWG) Nr. 1408/71 auch auf diesen Personenkreis – der

Selbständigen und ihrer Angehörigen bilden den Kernbereich des Gemeinschaftssozialrechts, der durch zahlreiche Änderungsverordnungen und die Judikatur des Europäischen Gerichtshofs ständig fortentwickelt worden ist und fortentwickelt wird.[37]

Das „*freizügigkeitsspezifische*" *EG-Sozialrecht* ist im übrigen nicht das Ergebnis einer Sozialpolitik *per se*, sondern dient gleichermaßen der sozialen Flankierung zweier Personenfreiheiten des EG-Vertrages, nämlich der Freizügigkeit der Arbeitnehmer und der Niederlassungsfreiheit der Selbständigen. Auf diese Weise drängen die Freiheiten des Gemeinsamen Marktes, namentlich die Freizügigkeit, die Niederlassungsfreiheit und die Dienstleistungsfreiheit insbesondere dort, wo bislang nationale Vorbehalte gleichsam „nationale Reservate" geschaffen haben, tendenziell hin zu einer „Europäisierung".

Illustratives Beispiel dafür ist etwa die Öffnung des nationalen Beamten- und sonstigen öffentlichen Dienstrechts der Mitgliedstaaten. Gemäß Art. 48 Abs. 4 EGV finden die Regelungen über die Freizügigkeit der Arbeitnehmer „*keine Anwendung auf die Beschäftigung in der öffentlichen Verwaltung*". Der Europäische Gerichtshof hat diese Ausnahmevorschrift eng ausgelegt und sie funktional beschränkt zum einen auf die Ausübung hoheitlicher Funktionen i.e.S., zum anderen auf die Wahrnehmung wesentlicher Lenkungs-, Entscheidungs- und Kontrollaufgaben im nicht-hoheitlichen Bereich, d. h. auch in der Leistungsverwaltung mit der Folge, daß die Einschränkung der Freizügigkeit aufgrund dieser Ausnahmeklausel im Lichte der Bedeutung dieser Freiheit für den Gemeinsamen Markt und die Gemeinschaft überhaupt zu betrachten ist und deshalb nicht dazu führen darf, daß EU- bzw. EWR-Ausländer von dem Zugang zu all den Tätigkeiten ausgeschlossen werden, die nach traditionellem nationalen Verständnis und entsprechender Ausgestaltung des öffentlichen Dienst- und Beamtenrechts in den einzelnen Mitgliedstaaten eigenen Staatsangehörigen bisher vorbehalten worden sind.[38]

Dieses Europäische koordinierende Sozialrechts bildet zugleich einen Schwerpunkt in der *Rechtsprechung des Europäischen Gerichtshofs*, sind doch bislang die weitaus meisten – ca. 3/4 – Entscheidungen des Gerichtshofs in sozialrechtlichen Angelegenheiten – mittlerweile rd. 400 – zu diesem äußerst komplizierten Regelwerk ergangen. Diese häufige Befassung des Gerichtshofs mit Auslegungsfragen der Verordnungen über die soziale Sicherheit ist nicht zuletzt auf die Komplexität

---

[37] Zu einer instruktiven Einführung in den Regelungsinhalt der Verordnungen (EWG) Nr. 1408/71 und Nr. 574/72 vgl. die Beiträge in: Soziales Europa 3/1992, Die soziale Sicherheit der Personen, die innerhalb der Gemeinschaft zu- und abwandern, Brüssel / Luxemburg: EG, 1993; zu einer Erläuterung dieser Vorschriften vgl. Nomos Kommentar zum Europäischen Sozialrecht, Baden-Baden 1994 (*siehe bereits Fn. 21*).

[38] Vgl. exemplarisch für den Bereich der Forschung *Schulte, B.*, Mobility and the Right to Freedom of Movement within the European Community: Basic Features of Community Provisions, in: Max-Planck-Gesellschaft (Hg.), European Research Structures – Changes and challenges. Mobility of Researchers in the European Union, München 1994 (Colloquium Schloß Ringberg / Tegernsee, 4./5. November 1993), München 1995, S. 45 ff.

und Technizität dieser Vorschriften zurückzuführen, die ihrerseits allerdings verständlich werden, wenn man sich vor Augen hält, daß sie die Aufgabe lösen sollen, die an sich bereits äußerst komplizierten und sich z.T. sehr stark unterscheidenden Systeme der sozialen Sicherheit von derzeit zwölf – und demnächst fünfzehn – EU- bzw. siebzehn EWR-Mitgliedstaaten untereinander zu koordinieren.[39]

Hier stellt sich *de lege ferenda* die Frage, ob auch künftig die soziale Sicherheit immer der Freizügigkeit zu- – oder treffender – untergeordnet sein soll oder ob nicht vielmehr künftig eigenständiger Bestandteil der Unionsbürgerschaft sein sollte, die der „Maastricht-Vertrag" eingeführt hat (Art. 8 EGV).[40]

Als Verordnungen i.S. des Art. 189 EGV gelten die Gemeinschaftsverordnungen über die soziale Sicherheit *allgemein*, d. h. sie entfalten Rechtswirkungen für eine unbestimmte Vielzahl von Sachverhalten (wie „Gesetze" im nationalen Recht der Mitgliedstaaten), sind in allen ihren Teilen *verbindlich*, gelten in den Mitgliedstaaten *unmittelbar*, d. h. ohne jedes weitere Zutun der nationalen Rechtssetzungsorgane (d. h. in Deutschland ohne „Transformation" bzw. ohne besonderen „Vollzugsbefehl" durch Bundesgesetz), und sie *gehen* als supranationales Recht dem nationalen Recht der Mitgliedstaaten *vor*. Dies bedeutet, daß die nach wie vor eigenständigen – und sich auch eigenständig fortentwickelnden – Sozialrechtsordnungen der Mitgliedstaaten von den Gemeinschaftsverordnungen über die soziale Sicherheit dergestalt überlagert werden, daß das nationale Recht (einschließlich das nationale Verfassungsrecht) dem supranationalen Gemeinschaftsrecht weichen muß, soweit dieses gilt und damit Anwendungsvorrang beansprucht.

Was die *Auslegung* und *Anwendung des Gemeinschaftsrechts* angeht, so ergeben sich Probleme insbesondere daraus, daß die Begriffe des Gemeinschaftsrechts i.d.R. *autonom* und ohne unmittelbaren Rückgriff auf nationales Recht (wenn auch ggf. unter Rückgriff auf die rechtsvergleichende Methode) auszulegen sind. Dabei hat der Gerichtshof seine Auslegung vor allem *teleologisch* orientiert an

> *„dem grundlegenden Zweck des Artikels 51 des Vertrages ..., nämlich die günstigsten Voraussetzungen zu schaffen, um die Freizügigkeit der Arbeitnehmer der Gemeinschaft sowohl hinsichtlich des Wohnsitzes als auch des Arbeitsplatzes im Hoheitsgebiet eines jeden Mitgliedstaats herzustellen."*

Aufgrund dieser ziel- und zweckorientierter Auslegung ist der Gerichtshof zugleich zur Formulierung einer *Art „Günstigkeitsprinzip"* gelangt, d. h. er hat den Zweck der Gemeinschaftsverordnungen nicht zuletzt darin gesehen, den sozialen Schutz der Wanderarbeitnehmer so vorteilhaft wie möglich auszugestalten:

> „Grundlage, Rahmen und Grenzen der Verordnungen über die soziale Sicherheit der Wanderarbeitnehmer sind die Artikel 48 bis 51 des Vertrages. Artikel 51 EWGV ver-

---

39 Vgl. zu einem Überblick über die Systeme der sozialen Sicherheit der 12 EU-Staaten Kommission der EG / MISSOC, Soziale Sicherheit in den Mitgliedstaaten der Gemeinschaft. Stand am 1. Juli 1993 und Entwicklung, Brüssel / Köln 1994.

40 Vgl. zu dieser Fragestellung etwa *Kaupper*, aaO (Fn. 19) sowie *Langer in diesem Band.*

pflichtet den Rat, die auf dem Gebiet der sozialen Sicherheit für die Herstellung der Freizügigkeit der Arbeitnehmer „notwendigen" Maßnahmen zu beschließen und insbesondere für den Erwerb und die Aufrechterhaltung des Anspruchs auf Sozialleistungen sowie für die Berechtigung dieser Leistungen die Zusammenrechnung aller nach den verschiedenen innerstaatlichen Rechtsvorschriften berücksichtigten Zeiten vorzusehen."[41]

Angesichts des Umstandes, daß die soziale Sicherung des einzelnen sich in allen EU-Staaten gleichsam als ein „Paket" darstellt, welches aus unterschiedlichen – öffentlichen wie privaten – Teilen besteht, ist eine Einbeziehung der *betrieblichen Sozialleistungssysteme* in die gemeinschaftsrechtliche Koordinierung geboten (was nicht notwendigerweise bedeuten muß: Einbeziehung in das bestehende rechtliche Regelwerk der Verordnungen (EWG) Nr. 1408/71 und 574/72, sondern auch – und vielleicht besser – durch eine eigenständige Koordinierungsregelung geschehen kann). Der Binnenmarkt führt zum einen zu einer Intensivierung der Wanderungsbewegungen in der Gemeinschaft überhaupt, zum anderen aber auch (wie sich bereits heute zeigt) zu einer andersartigen Zusammensetzung der „Wanderer" aus EG-Staaten innerhalb der Gemeinschaft als in der Vergangenheit. In verstärktem Maße machen nämlich qualifizierte, gut bezahlte und auch in sozialrechtlicher Hinsicht namentlich durch die Einbeziehung in *Ergänzende Leistungssysteme* zusätzlich gesicherte Personen von dem Recht auf Freizügigkeit und von der Niederlassungsfreiheit Gebrauch, mit der Folge, daß Mobilitätshindernisse in Gestalt der bis dato nicht koordinierten *Ergänzenden*, insbesondere *betrieblichen Sozialleistungssysteme* in der Praxis größere Bedeutung gewinnen.

In bezug auf *betriebliche Altersversorgungssysteme* hat die EG-Kommission Mitte 1991 bereits eine – rechtlich unverbindliche – „Mitteilung" vorgelegt.[42]

Hindernisse für die Freizügigkeit der Arbeitnehmer erwachsen hier vor allem aus den Bedingungen für die Unverfallbarkeit von Anwartschaften in betrieblichen

---

41 So z. B. EuGH, RS 14/72 (Heinze), EuGHE 1972, 1105, Rdnr. 4 ff.

42 Vgl. Kommission der EG, Mitteilungen der Kommission an den Rat. Ergänzende Systeme der sozialen Sicherheit: Die Rolle der betrieblichen Altersversorgungssysteme für den sozialen Schutz der Arbeitnehmer und ihre Auswirkungen auf die Freizügigkeit (SEK (91) 1332 endg.) v. 22. Juli 1991, Brüssel: Kommission der EG, 1991; zu den im Vorfeld dazu angestellten Überlegungen vgl. Schmähl, W. (Hg.), The Future of Basic and Supplementary Pension Schemes in the European Community – 1992 and Beyond, Baden-Baden 1991; dazu *Böhm, S. u.a.*, Entwicklung der ergänzenden Alterssicherung in Europa – Bericht über ein internationales Seminar –, in: Die Angestelltenversicherung (DAngVers) 1990, S. 366 ff.; auch Gesellschaft für Versicherungswissenschaft und -gestaltung (GVG) e.V., Die betriebliche Altersversorgung im gegliederten System der Alterssicherung – Zukünftige Entwicklung in europäischer Perspektive, Köln 1992; *Ketelsen, J.*, Freizügigkeit der Arbeitnehmer und Zusatzversorgungssysteme im Binnenmarkt, in: Versicherungswirtschaft 1991, S. 510 ff.; *Steinmeyer, H.-D.*, Harmonisierung des Betriebsrentenrechts in der Europäischen Gemeinschaft?, in: Europäische Zeitschrift für Wirtschaftsrecht (EuZW) 1991, S. 43 ff.; jüngst Europäische Kommission (Hg.), Ergänzende Altersversorgungssysteme in der Europäischen Union. Entwicklung, Trends und offene Fragen (Bericht des Expertennetzes für Ergänzende Altersversorgungssysteme der Europäischen Kommission), in: Soziales Europa 3/1994, Brüssel 1994.

Altersversorgungssystemen und aus der Existenz von Wartezeiten, die beide zu verminderten Betriebsrentenansprüchen im Anschluß an eine Berufskarriere führen können, die mit einem häufigen Wechsel des Arbeitsplatzes verbunden gewesen ist.

Unverfallbarkeit bezeichnet den Erwerb eines rechtlich anerkannten und unentziehbaren Rentenanspruchs, der in den Mitgliedstaaten i.d.R. häufig an bestimmte Fristen geknüpft ist. Diese Fristen sind von Land zu Land sehr unterschiedlich und in Deutschland mit 10 Jahren sehr lang. Das Ausscheiden aus einem betrieblichen Altersversorgungssystem vor Eintritt der Unverfallbarkeit kann deshalb zur Folge haben, daß ein Arbeitnehmer seiner Anwartschaft auf künftige Zusatzrentenleistungen verloren geht.

Wartezeiten beziehen sich auf die Zeit, die ein Arbeitnehmer in einem Unternehmen beschäftigt sein muß, bevor er Leistungen aus dem betrieblichen Altersversorgungssystem beanspruchen kann. Auch die Nichtanrechnung derartiger Zeiten beim Wechsel zu einem anderen betrieblichen Altersversorgungssystem stellt ein Mobilitätshindernis dar.

Ähnliche Probleme stellen sich bei den *Ergänzenden Gesundheitssicherungssystemen.*

Sie werfen allerdings insofern weniger Probleme auf, als sich hier die Frage des Bestands erworbener Anwartschaften lediglich gleichsam im übertragenen Sinne insofern stellt, weil es keine vermögensrechtlichen Anwartschaften gibt, sondern lediglich „Anwartschaften" in Gestalt des Interesses eines Versicherten daran, zu den Konditionen, zu denen er einst einem ergänzenden Gesundheitssicherungssystem beigetreten ist, ggf. in ein anderes entsprechendes System überwechseln zu können. Ferner kann ein Hindernis für die Freizügigkeit darin bestehen, daß bei Verlegung des Beschäftigungs- und Wohnorts in einen anderen Mitgliedstaat die bisherige Versicherung nicht weitergeführt werden kann oder die Weiterführung eine Anpassung an die veränderten Verhältnisse erfordert.

Die Einbeziehung von *Sondersystemen für Beamte* in die Koordinierungsregelung ist ein weiteres Desiderat *de lege ferenda.*

Die Auslegung dieses freizügigkeitsspezifischen EG-Sozialrechts insbesondere nach Maßgabe der Prämissen, die der Europäische Gerichtshof in seiner Judikatur vorgegeben hat, gehört zu den traditionellen Aufgaben der *Sozialrechtswissenschaft*, soweit sie sich mit dem Europäischen Gemeinschaftsrecht (bzw. auch – verkürzt – „Europarecht" i.S. von EG-Recht) befaßt.

Eine erste spezifische Schwierigkeit bei der Befassung mit dieser Materie besteht darin, daß innerhalb dieses Rechtsgebiets Begriffe, die auch im nationalen Recht vorkommen und von daher geläufig sind – z. B. „Rechtsvorschriften", „Arbeitnehmer", „soziale Sicherheit", „Sozialhilfe" u.a. – *gemeinschaftsrechtlich* eine andere – „autonome" – und von den Begriffsinhalten der Rechtsordnungen der Mitgliedstaaten durchaus abweichende Bedeutung haben. Hier kommt neben der vorstehend bereits erwähnten *teleologischen* auch in der Judikatur des Gerichtshofs der *rechtsvergleichenden Methode* für die Auslegung zwar ausschlaggebende, aber doch eine sehr wichtige Bedeutung zu, haben doch Begriffe und Institute auch des Gemeinschaftssozialrechts i.d.R. ihre ursprünglich erste Ausprägung in nationalem Recht und in den nationalen Sozial(rechts)ordnungen der Mitgliedstaaten erhalten, mit der Folge, daß diese Wurzel für das Vorverständnis des EG-Sozialrechts und den Zugang dazu bedeutsam ist.

So hat die Judikatur des Gerichtshofs zum sachlichen Anwendungsbereich VO (EWG) Nr. 1408/71 – konkret: zur Abgrenzung von „sozialer Sicherheit" i. S. d. Art. 4 Abs. 1 VO (EWG) Nr. 1408/71 einerseits und „Sozialhilfe" i. S. d. Art. 4 Abs. 4 VO (EWG) Nr. 1408/71 andererseits – beispielsweise den Blick dafür geschärft, daß beide Begriffe „Europäisch", d. h. eigenständig im gemeinschaftsrechtlichen Sinne ausgelegt werden müssen und nicht mit den entsprechenden Begriffen im nationalen Recht der Mitgliedstaaten identisch sind. So hat der Europäische Gerichtshof in der Rechtssache 139/82 (Piscitello) beispielsweise entschieden, daß eine im nationalen (hier: italienischen Recht durch die Corte costituzionale) eindeutig als „Leistung der Sozialhilfe" qualifizierte Leistung gemeinschaftsrechtlich als „Leistung der sozialen Sicherheit" anzusehen ist.[43]

Die *rechtsvergleichende Methode* ist vor diesem Hintergrund ein wichtiges und unentbehrliches Instrument der Forschung auf dem Gebiet des EG-Sozialrechts.

Eine weitere spezifische Schwierigkeit besteht darin, daß sowohl die *grammatikalische*, d. h. am Wortlaut orientierte als auch die *historische*, auf den Willen des Gesetzgebers rekurierende Auslegung wegen des Fehlens eines eindeutigen, nur in einer Sprache verbindlichen Gesetzestextes und mangels einer amtlichen Begründung sowohl des primären als auch des sekundären Gemeinschaftsrechts im EG-Recht nicht „greifen". Der EG-Vertrag ist vielmehr angesichts seines spezifischen Charakters als „Wandel-Verfassung" (*Ipsen*) vom Europäischen Gerichtshof gemeinhin in erster Linie *teleologisch*, d. h. am Vertragszweck („telos") orientiert, zugleich aber auch *dynamisch* und *integrationsfreundlich* ausgelegt worden, wodurch sich manche aus nationaler Sicht extensiv erscheinende Interpretation einzelner Rechtsbegriffe erklärt. (In diesem Rahmen ist dann allerdings zur Erschlie-

---

[43] Vgl. EuGH, RS 139/82 (Piscitello), EuGHE 1983, 1427; ferner zu derselben Abgrenzungsproblematik RS 1/72 (Frilli), EuGHE 1972, 457; RS 39/74 (Costa), EuGHE 1974, 1251; RS 7/75 (Eheleute F.), EuGHE 1975, 679; RS 79/76 (Fossi), EuGHE 1977, 667; RS 9/78 (Gillard u.a.), EuGHE 1978, 1661; RS 207/78 (Even), EuGHE 1979, 2019; RS 249/83 (Hoeckx), EuGHE 1985, 973; RS 261/83 (Castelli), EuGHE 1984, 3199; RS 122/84 (Scrivner), EuGHE 1985, 1027; RS 157/84 (Frascogna), EuGHE 1985, 1740; RS 316/85 (Lebon), EuGHE 1987, 2811; verb. RS 379-381/85 u. 93/86 (Giletti u.a.), EuGHE 1987, 955; RS 147/87 (Zaoui), EuGHE 1987, 5511; RS C-286/88 (Kommission der EG ./. Französische Republik), EuGHE 1990, I-3163; dazu *Schulte, B.*, Grundsicherung – Sozialhilfe. Statement, in: Deutscher Sozialrechtsverband e.V. (Hg.), Europäisches Sozialrecht, Wiesbaden 1993, S. 199 ff.; *ders.*, Einführung in die Schlußdiskussion, in: Schulte / Zacher (Hg.), Wechselwirkungen, aaO (Fn. 21), S. 240 ff.

ßung von Sinn und Zweck der Gemeinschaftsregelungen ein Blick auf die den Rechtsinstrumenten vielfach vorangestellten sog. Begründungserwägungen – etwa zu den Verordnungen (EWG) Nr. 1612/68 oder Nr. 1408/71 geboten.)

So hat die angesichts des Ziels der Verwirklichung der Freizügigkeit der Arbeitnehmer gebotene weite Fassung des Begriffs „soziale Sicherheit", die zugleich den sachlichen Anwendungsbereich der Verordnungen (EWG) Nr. 1408/71 und Nr. 574/72 festlegt und damit die Geltung der Rechtsvorschriften des koordinierenden EG-Sozialrechts im nationalen Recht der Mitgliedstaaten anordnet, im Ergebnis den Mitgliedstaaten, namentlich auch Deutschland erhebliche „Exportverpflichtungen" in bezug auf an Wanderarbeitnehmer zu erbringende Sozialleistungen auferlegt.[44]

III. Erstreckung des koordinierenden EG-Sozialrechts über die Grenzen der Europäischen Union

Die Geltung des EG-Sozialrechts im gesamten Europäischen Wirtschaftsraum folgt aus Art. 25 des Abkommens über den Europäischen Wirtschaftsraum vom 2. Mai 1992 (sog. EWR-Vertrag) sowie aus Anhang VI des EWR-Vertrages, worin sich die fünf Nicht-EU-Mitgliedstaaten, die dem EWR angehören, zur Befolgung auch der Verordnungen (EWG) Nr. 1408/71 und Nr. 574/72 der Gemeinschaft verpflichten.

Über den Kreis der EFTA-Staaten hinaus, die durch Beitritt zur Europäischen Union den Anschluß an die Gemeinschaft suchen – z. B. Finnland, Österreich und Schweden –, bestehen über *Assoziationsabkommen* und *Kooperationsvereinbarungen* Verbindungen mit Drittstaaten, die gleichfalls eine Ausweitung des Anwendungsbereichs des Gemeinschaftsrechts zur Folge haben und EG- sowie völkerrechtlich schwierige Fragen aufwerfen.

Von exemplarischer Bedeutung ist in diesem Zusammenhang das *Assoziationsabkommen zwischen der Europäischen Gemeinschaft und der Türkei* von 1963, welches „besondere und privilegierte Beziehungen" zwischen der Gemeinschaft und diesem Drittstaat zum Gegenstand hat.[45] Aufgrund eines derartigen Assoziationsabkommens nimmt der Drittstaat teilweise – nämlich im Rahmen des jeweiligen Regelungsgegenstandes des Abkommens – dergestalt am Gemeinschaftsrecht teil, daß völkerrechtliche Bindungen zwischen den Vertragsparteien sowie ggf. auch Rechte und Pflichten für Personen entstehen. (Vor diesem Hintergrund bedeutet auch das am 1. 1. 1994 in Kraft getretene *Abkommen über die Errichtung des*

---

[44] Vgl. zu dieser Problematik *Schulte, B.*, Sozialhilfe und sozialhilfeähnliche Leistungen und Europäisches Gemeinschaftsrecht. Ein Rechtsgutachten, München / Bonn: BMFuS (Ms.), 1994.

[45] Vgl. zu dieser (wenig präzisen) Charakterisierung dieses Assoziationsabkommens EuGH, RS 12/86 (Demirel), EuGHE 1987, 3719.

Europäischen Wirtschaftsraums letztlich eine *vielseitige Assoziation*[46] der EFTA-Staaten Finnland, Island, Norwegen, Österreich und Schweden mit der Europäischen Union [wobei Finnland, Österreich und Schweden vom 1. 1. 1995 an EU-Mitgliedstaaten sein werden].) Dabei spielt die Freizügigkeit eine besonders bedeutsame Rolle.

In der Rechtssache 12/86 (Demirel) hat der Europäische Gerichtshof auf Vorlage des VG Stuttgart entschieden, daß Art. 12 des 1963 abgeschlossenen Abkommens zur Gründung einer *Assoziation zwischen der Europäischen Wirtschaftsgemeinschaft und der Türkei* sowie Art. 36 des 1972 geschlossenen *Zusatzprotokolls* i.V.m. Art. 7 des Abkommens keine in der innerstaatlichen Rechtsordnung der Mitgliedstaaten unmittelbar anwendbaren gemeinschaftsrechtlichen Vorschriften sind. Die Bestimmung eines von der Gemeinschaft mit Drittländern geschlossenen Abkommens ist demnach nur dann unmittelbar anwendbar, wenn sie unter Berücksichtigung ihres Wortlauts und im Hinblick auf Sinn und Zweck des Abkommens eine klare und eindeutige Verpflichtung enthält, deren Erfüllung oder deren Wirkungen nicht vom Erlaß eines weiteren Aktes abhängen.

Das Abkommen EWG – Türkei nennt lediglich allgemein die Ziele der Assoziierung und legt Leitlinien für ihre Verwirklichung fest, ohne aber genaue Regeln dafür aufzustellen, wie die Realisierung auszusehen hat. Nur für bestimmte Einzelbereiche treffen die beigefügten Protokolle, an deren Stelle das *Zusatzprotokoll* getreten ist, eingehende Regelungen. Nach Art. 22 des Abkommens ist der *Assoziationsrat*, der aus Mitgliedern der Regierungen der Mitgliedstaaten, des Rates und der Kommission der EG einerseits sowie Mitgliedern der türkischen Regierung andererseits besteht, befugt, zur Verwirklichung der Ziele des Abkommens *Beschlüsse* zu fassen. Die Vorschriften, die sich mit der Freizügigkeit befassen – Art. 12 des Abkommens und Art. 36 des Protokolls –, haben nach Auffassung des Gerichtshofs im wesentlichen Programmcharakter und regeln nicht unmittelbar die Freizügigkeit der Arbeitnehmer.[47]

Nach dieser Entscheidung über die sog. „große Freizügigkeit" hat sich der Europäische Gerichtshof in der Rechtssache C-192/89 (Sevince)[48] mit der sog. „kleinen Freizügigkeit" derjenigen türkischen Arbeitnehmer befaßt, die sich bereits in einem Mitgliedstaat der Gemeinschaft aufhalten und dort einer ordnungsmäßigen Beschäftigung nachgehen. Unter Hinweis darauf, daß die Bestimmungen eines vom Rat gemäß den Artt. 228 und 238 EGV geschlossenen Abkommens von dessen Inkrafttreten an einen integrierenden Bestandteil der Gemeinschaftsrechtsordnung bilden, hat der Gerichtshof wegen des unmittelbaren Zusammenhangs mit dem Abkommen, zu dessen Durchführung sie ergehen, entsprechendes über die Beschlüsse des Assoziationsrates entschieden. Ferner hat der Gerichtshof den Be-

---

[46] So zu Recht *Rumpf, C.*, Freizügigkeit der Arbeitnehmer und Assoziation EG – Türkei, in: Recht der Internationalen Wirtschaft (RIW) 1993, S. 214 ff., 215.

[47] EuGH, aaO (Fn. 45), S. 3752 ff.

[48] EuGH, Urt. v. 20. 9. 1990, RS C-192/89 (Sevince), EuGHE 1990, I-3461.

stimmungen des Art. 2 Abs. 1 Buchst. b) des Beschlusses Nr. 2/76, wonach ein türkischer Arbeitnehmer nach fünf Jahren ordnungsgemäßer Beschäftigung in einem Mitgliedstaat der Gemeinschaft dort vollen Zugang zu jeder von ihm gewählten Beschäftigung im Lohn- oder Gehaltsverhältnis hat, sowie den Artt. 6 Abs. 1 und 13 des Beschlusses Nr. 1/80, wonach ein türkischer Arbeitnehmer, der dem regulären Arbeitsmarkt eines Mitgliedstaats angehört, in diesem Mitgliedstaat nach vier Jahren ordnungsgemäßer Beschäftigung freien Zugang zu jeder von ihm gewählten Beschäftigung im Lohn- oder Gehaltsverhältnis hat, unmittelbare Wirkung im Hoheitsgebiet der Mitgliedstaaten zuerkannt. Damit ist die *Assoziationsfreizügigkeit* im Hinblick auf diejenigen Arbeitnehmer und ihre Familien, die sich bereits über einen gewissen Zeitraum in einem Mitgliedstaat aufhalten, konkretisiert worden. Das erstmalige Zuzugsrecht türkischer Arbeitnehmer in einen Mitgliedstaat ist damit allerdings ungeregelt geblieben.

In der Rechtssache C-237/91 (Kus)[49] hat der Gerichtshof schließlich die Bestimmung des Art. 6 Abs. 1 des Beschlusses Nr. 1/80 dahin ausgelegt, daß ein türkischer Staatsangehöriger, der eine Aufenthaltserlaubnis für das Gebiet eines Mitgliedstaats erhalten hat, um dort mit einer Staatsangehörigen dieses Mitgliedstaats die Ehe zu schließen, und der dort länger als 1 Jahr mit gültiger Arbeitserlaubnis bei demselben Arbeitgeber gearbeitet hat, einen Anspruch auf Verlängerung seiner Arbeitserlaubnis selbst dann hat, wenn seine Ehe zu dem Zeitpunkt der Entscheidung über den Verlängerungsanstrag, nicht mehr besteht. Mithin haben türkische Arbeitnehmer nach einem Jahr ordnungsgemäßer Beschäftigung Anspruch auf Erneuerung ihrer Arbeitserlaubnis bei dem gleichen Arbeitgeber, wenn dieser über einen Arbeitsplatz verfügt, ohne daß dieser Anspruch von weiteren Voraussetzungen – namentlich auch solchen aufenthaltsrechtlicher Art – abhängig ist. Allerdings gilt dies nur in dem Umfang, in dem ein türkischer Staatsangehöriger durch Erteilung einer Arbeitserlaubnis zum regulären Arbeitsmarkt zugelassen worden ist; keinesfalls ergibt sich daraus ein Recht für einreisewillige türkische Arbeitnehmer in Mitgliedstaaten der Gemeinschaft.[50]

Die *Demirel-*, *Sevince-* und *Kus-Urteile* illustrieren die freizügigkeitsspezifischen Auswirkungen, welche als Folgen von *Assoziations- und Kooperationsvereinbarungen mit Drittstaaten* und der diese umsetzenden Rechtsakte eintreten können.[51] Soweit in den Mitgliedstaaten – auch in Deutschland – Kritik an diesen Ent-

---

49 EuGH, Urt. v. 16. 12. 1992, RS C-237/91 (Kus) – in EuGHE noch nicht veröff.; abgedr. in: Neue Zeitschrift für Verwaltungsrecht (NVwZ) 1993, 258 ff.

50 Vgl. dazu sowie zu den Auswirkungen des Urteils auf türkische Arbeitnehmer mit unterschiedlichem aufenthaltsrechtlichen Status *Huber, B.*, Das Kus-Urteil des EuGH: Weitere aufenthaltsrechtliche Sicherungen für türkische Arbeitnehmer, in: Neue Zeitschrift für Verwaltungsrecht (NVwZ) 12 (1993), S. 246ff; jüngst *Delbrücke, J./Tietje, Ch.*, Die Frage der unmittelbaren Anwendbarkeit des Assoziationsratsbeschlusses EWG / Türkei Nr. 1/80, in: Zeitschrift für Ausländerrecht und Ausländerpolitik (ZAR) 1995, S. 29 ff.

51 Zu einem instruktiven Überblick vgl. *Sieveking, K.*, Die Rechtsstellung von Drittstaatsangehörigen nach Assoziationsrecht, in: Zeitschrift für ausländisches und internationales

scheidungen des Europäischen Gerichtshofs geübt worden ist, stellt sich neben der Frage, ob der Gerichtshof möglicherweise dadurch seine Befugnis überschritten hat, daß er im Rahmen von Vorabentscheidungsverfahren gemäß Art. 177 EGV über dieses Abkommensrecht befunden hat, die weitere Frage, ob nicht möglicherweise die Mitgliedstaaten bei Abschluß des Assoziationsvertrages und bei Verabschiedung der weiteren Akte im Assoziationsrat die Tragweite der seinerzeit getroffenen Maßnahmen verkannt haben. Rechtsmethodisch ist der Frage nachzugehen, in welchem Umfang die Auslegungsprinzipien des Gemeinschaftsrechts auf das nicht in vollem Umfang denselben Maximen verpflichtete Abkommens- (bzw. Assoziations)recht angewendet werden dürfen.

Die Aufnahme neuer Mitgliedstaaten in die Europäische Union wird wie bereits die Errichtung des *Europäischen Wirtschaftsraums* zum einen zu einer Ausdehnung des räumlichen und personellen Anwendungsbereichs des Gemeinschaftssozialrechts, zum anderen aber auch zu einer Vermehrung der ihrerseits das Gemeinschaftsrecht prägenden mitgliedstaatsrechtlichen Einflüsse führen.

IV. Sozialvorschriften des EG-Vertrages

In der Vergangenheit hat es nicht an Kritik daran gefehlt, daß die Sozialpolitik in *Titel III. Die Sozialpolitik* des früheren EWG-Vertrages und heute in *Titel VIII. Sozialpolitik, allgemeine und berufliche Bildung und Jugend* des EG-Vertrages zwar durchaus angemessen in den Gemeinschaftspolitiken eingeordnet worden sei, daß diese nominelle Stellung im Vertragswerk aber im normativen Zuständigkeits- und Ermächtigungsgehalt sowohl der Artt. 117–128 EWGV a.F. als auch der Artt. 117–127, 129 EGV keinen zulänglichen Ausdruck finde.

Diese Kritik ist bereits vor mehr als 20 Jahren wie folgt artikuliert worden:

> „Der oft gehörte vordergründige Vorhalt, der Gemeinsame Markt sei vornehmlich Sache der Unternehmer und für den Arbeitnehmer wenig oder nichts, hat auch hierin seine Ursache. Ausbildung, Arbeitsplatz, Arbeitsentgelt, Arbeitsbedingungen und soziale Sicherheit als Kernfragen der Sozialpolitik erscheinen im positiven Gemeinschaftsrecht der Verträge – jedenfalls nach aktuellen, vollziehbaren und sanktionsfähigen Zuständigkeiten und Ermächtigungen bemessen – nicht in einer dem Sozialstaatsgebot adäquaten Gemeinschaftsausstattung, wenn es in den Vertragsformulierungen auch am sozialpolitischen Aspekt und Impuls nicht fehlt.“[52]

Arbeits- und Sozialrecht (ZIAS) 9 (1995) (*in Druck*); zu einem allgemeinen Überblick über die sozialrechtliche Behandlung von Staatsangehörigen aus Drittstaaten nach nationalem Recht in den EU- und EWR-Staaten vgl. die Beiträge – für Deutschland von *Schulte* und mit einer vergleichenden Analyse von *von Maydell* – in Schulte, B. / Maydell, B. von (Hg.), The Treatment of Nationals of Third Countries in EU- and EEA-Member States in the Field of Social Security, Leuven 1995 (*in Druck*)

52 So *Ipsen, H.-P.*, Europäisches Gemeinschaftsrecht, Tübingen 1973, S. 932; zu dieser Kritik vgl. auch *Schulte, B.*, „. . .und für den Arbeitnehmer wenig oder nichts“? Sozialpolitik

Nach Art. 117 Abs. 1 EWGV waren sich zwar die Mitgliedstaaten von Anfang an über

> „die Notwendigkeit einig, auf eine Verbesserung der Lebens- und Arbeitsbedingungen der Arbeitskräfte hinzuwirken und dadurch auf dem Wege des Fortschritts ihre Angleichung zu ermöglichen",

doch waren sie zugleich nach Art. 117 Abs. 2 EWGV

> „der Auffassung, daß sich eine solche Entwicklung sowohl aus dem eine Abstimmung der Sozialordnungen begünstigenden Wirken des Gemeinsamen Marktes als auch aus dem in diesen Vertrag vorgesehenen Verfahren sowie aus der Angleichung ihrer Rechts- und Verwaltungsvorschriften ergeben wird".

Von Anbeginn an stand die Option für eine *„autonom-marktwirtschaftliche"* soziale Angleichung im Vordergrund der EG-Sozialpolitik, sowohl bei Abschluß des Vertrages von Rom 1957 als auch in der späteren Praxis der Sozialpolitik. Dementsprechend räumten (und räumen) auch die sonstigen *Sozialvorschriften* des Vertrages der Gemeinschaft nur punktuelle Kompetenzen auf dem Gebiet des „Sozialen" ein, wurde die *„sozial-interventionistische"* Option nicht für die Zwecke einer Vereinheitlichung oder doch Annäherung der Sozialordnungen – und das hätte vor allem bedeutet: für eine Vereinheitlichung bzw. Angleichung der Arbeits- und Sozialrechtsordnungen der Mitgliedstaaten – eingesetzt. Lediglich punktuell – namentlich in bezug auf das „freizügigkeitsspezifische" EG-Sozialrecht i. S. d. Art. 51 EGV und die Gleichbehandlung von Männern und Frauen in Art. 119 EGV – enthält das Gemeinschaftsrecht seit jeher konkrete rechtliche Handlungsvorgaben. Vor diesem Hintergrund bilden zusammen mit den Vorschriften, welche die Freizügigkeit der Arbeitnehmer in der Gemeinschaft durch die Koordinierung der nationalen Systeme der sozialen Sicherheit gewährleisten,[53] der *Grundsatz des gleichen Entgelts für Männer und Frauen* des Art. 119 EGV und die *Richtlinien (EWG) des Rates über die Gleichbehandlung von Männern und Frauen* – RL 75/117/EWG, 76/207/EWG, 79/7/EWG, 86/378/EWG, 86/613/EWG – als Rechtsgrundlagen des Bemühens um die Durchsetzung der rechtlichen Gleichbehandlung von Männern und Frauen gleichsam die „hardware" des EG-Sozialrechts. Auch dieser Normenkomplex ist ursprünglich als „Annex" zu den wirtschaftlichen Freiheiten des EWG-Vertrages konzipiert worden, war doch die Verankerung des *Grundsatzes des gleichen Entgelts für gleiche Arbeit für Männer und Frauen* in Art. 119 EWGV ursprünglich ökonomisch motiviert, nämlich zum Ausgleich von Wettbewerbsnachteilen für Mitgliedstaaten mit einem seinerzeit bereits hohen Grad an Lohngleichheit – konkret: Frankreich – bestimmt. Erst durch eine Rechtsprechung des Europäischen Gerichtshofs, die – beginnend mit dem ersten *Defrenne-Urteil*[54] aus dem Jahre 1971 – das Prädikat „bahnbrechend" verdient, ist dieser Grundsatz auch

und Sozialrecht in den Europäischen Gemeinschaften, in: Kritische Justiz (KJ) 23 (1990), S. 79 ff.

53 *Siehe oben C. II.*

54 EuGH, RS 80/70 (Defrenne I), EuGHE 1971, 445.

individualrechtlich und zugleich „sozial“ gewendet worden. Der Gerichtshof hat in der Folgezeit entscheidend dazu beigetragen, daß die Politik der Gleichbehandlung von Männern und Frauen eines der erfolgreichsten Kapitel der Europäischen Sozialpolitik darstellt. Der Gerichtshof hat überdies in seiner Judikatur auch die vorstehend bereits angedeutete Differenzierung nach dem Grad der Verbindlichkeit der sozialpolitisch relevanten Vorschriften des Gemeinschaftsrechts nachvollzogen. Was das „Ziel der Förderung einer beschleunigten Hebung der Lebenshaltung in der Gemeinschaft“ im Sinne des Art. 2 EWGV angeht, so handele es sich dabei

> „um ein mit der Schaffung der Europäischen Wirtschaftsgemeinschaft verbundenes Ziel ..., das aufgrund seiner Allgemeinheit und seines systematischen Zusammenhangs mit der Errichtung des Gemeinsamen Marktes und der fortschreitenden Annäherung der Wirtschaftspolitik weder rechtliche Pflichten der Mitgliedstaaten noch Rechte einzelner begründen kann.“[55]

In Ansehung der in Art. 117 EGV aufgezählten sozialen Ziele hat er zwar befunden, daß ihr programmatischer Charakter nicht bedeute, daß sie keinerlei Rechtswirkungen hätten -

> „Sie stellen nämlich wichtige Anhaltspunkte u.a. für die Auslegung anderer Vorschriften des Vertrages und des sekundären Gemeinschaftsrechts im Sozialbereich dar“ –,

im übrigen aber ausgeführt:

> „Die Verwirklichung dieser Ziele muß jedoch das Ergebnis einer Sozialpolitik sein, deren Festlegung Sache der zuständigen Stellen ist“.

Soweit Art. 118 EWGV der Kommission die Aufgabe überträgt,

> „eine enge Zusammenarbeit zwischen den Mitgliedstaaten in sozialen Fragen zu fördern“,

und die Kommission

> „durch Untersuchungen, Stellungnahmen und die Vorbereitung von Beratungen tätig wird“ (Abs. 2), *„erkennt diese Bestimmung die Zuständigkeit der Mitgliedstaaten in sozialen Fragen ... an, soweit diese Fragen nicht zu Bereichen gehören, die durch andere Vorschriften des Vertrages, wie zum Beispiel die über die Freizügigkeit der Arbeitnehmer..., geregelt werden; ...“.*[56]

Im Hinblick auf die Freizügigkeit und die sie flankierenden Gemeinschaftsvorschriften über die soziale Sicherheit der Wanderarbeitnehmer der Verordnungen (EWG) Nr. 1408/71 und Nr. 574/72 hat er hingegen betont, daß die Anwendung dieser Vorschriften nicht lediglich eine *Befugnis*, sondern eine *Verpflichtung* darstellt, und darauf hingewiesen, daß die Verwirklichung des mit den Artt. 48–51 EGV angestrebten Ziels der Freizügigkeit der Arbeitnehmer innerhalb der Gemeinschaft erleichtert werde, wenn die Arbeitsbedingungen i.w.S., wozu dann auch die

---

[55] EuGH, Urt. v. 29. 9. 1987, RS 126/86 (Zaera), EuGHE 1987, 3697 (Rdnr. 11).

[56] EuGH, aaO (Fn. 55), Rdnr. 16.

Bestimmungen über die soziale Sicherheit gehören, in den verschiedenen Mitgliedstaaten soweit wie möglich übereinstimmen.

> „Diesem Ziel wird entgegengearbeitet, seine Erreichung erschwert, wenn das Gemeinschaftsrecht vermeidbare Unterschiede zwischen den jeweiligen Bestimmungen der sozialen Sicherheit schafft. Daraus folgt, daß das aufgrund des Art.s 51 EWG-Vertrag erlassene Sozialrecht der Gemeinschaft keine Unterschiede einführen darf, die zu denen hinzutreten, die sich bereits aus der mangelnden Harmonisierung der nationalen Rechtsvorschriften ergeben".[57]

In diesem Zusammenhang hat der Gerichtshof in der *RS 41/84 (Pinna I)* beispielsweise für Recht erkannt, daß Art. 73 VO (EWG) Nr. 1408/71 a.F., der für Wanderarbeitnehmer zwei unterschiedliche Systeme vorsah, je nachdem, ob diese Arbeitnehmer den französischen oder den Rechtsvorschriften eines anderen Mitgliedstaats unterlagen, den – grundsätzlich vom Gemeinschaftsrecht hinzunehmenden – Unterschieden, die sich aus der Unterschiedlichkeit der einschlägigen nationalen Rechtsvorschriften der Mitgliedstaaten selbst ergaben, einen weiteren – gleichsam gemeinschaftsrechtlichen – Unterschied hinzugefügt und damit die Verwirklichung der in den Artt. 48–51 EGV genannten Ziele zusätzlich erschwert hatte. Aus diesem Grunde hat der Gerichtshof die Bestimmung des Art. 73 *Abs. 2* VO (EWG) Nr. 1408/71 *a.F.* insoweit für ungültig erklärt, als sie es ausschloß, daß den Arbeitnehmern, für die französisches Recht galt, für ihre im Gebiet eines anderen Mitgliedstaats wohnenden Familienangehörigen dieselben Familienleistungen wie in Frankreich gewährt wurden.[58] Mit der Feststellung der partiellen Ungültigkeit des Art. 73 Abs. 2 VO (EWG) Nr. 1408/71 a.F. hat der Gerichtshof mithin über die Gültigkeit einer Handlung des Rates befunden.

In seinem Urteil in der *RS 20/85 (Roviello)*[59] hat der Gerichtshof in entsprechender Weise für Recht erkannt, daß eine Modifizierung der Verordnung (EWG) Nr. 1408/71 – Einfügung einer „Nr. 15a" in Anhang VI Abschnitt C VO (EWG) Nr. 1408/71, aufgrund derer für die Eröffnung des Anspruchs auf eine deutsche Berufsunfähigkeitsrente im Hinblick auf das anspruchsbegründende Merkmal des „früheren Berufs" nur berufliche Qualifikationen zu berücksichtigen waren, welche die von dem betreffenden Wanderarbeitnehmer in Deutschland ausgeübte Beschäftigung aufwies –, nicht geeignet war, die durch Art. 48 Abs. 2 EGV vorgeschriebene Gleichbehandlung zu gewährleisten, diese vielmehr die Berücksichtigung auch eines im EG-Ausland praktizierten früheren Berufs verlange.

Auf dem Weg zur Fortentwicklung der Gemeinschaft zur *Sozialgemeinschaft* stellt die von den Staats- und Regierungschefs von elf Mitgliedstaaten (mit Ausnahme des Vereinigten Königreichs) proklamierte *Gemeinschaftscharta der sozia-*

---

57 EuGH, Urt. v. 15. 1. 1986, RS 41/84 (Pinna I), EuGHE 1986, 1, Rdnr. 21.

58 EuGH, aaO (Fn. 57); bestätigt in Urt. v. 2. 3. 1989, RS 359/87 (Pinna II), EuGHE 1989, 610.

59 EuGHE 1988, 2805.

len Grundrechte der Arbeitnehmer vom 29. November 1989[60] *politisch* eine wichtige Etappe dar. Allerdings bringt bereits der Wortlaut dieser Charta die traditionelle (und mittlerweile auch EG-rechtlich und -politisch wohl überholte) Ausrichtung der EG-Sozialpolitik auf Erwerbstätige zum Ausdruck. Der Umstand, daß als erstes „soziales Grundrecht" die Freizügigkeit genannt wird, unterstreicht zugleich die (mittlerweile vielleicht gleichermaßen obsolete[61]) Akzessorietät des Rechts der sozialen Sicherheit zur Freizügigkeit. Die Konzipierung einer dergestalt eigenständigen Verankerung des EG-Koordinationsrechts in bezug auf die soziale Sicherheit ist eine sowohl rechtspolitische wie auch rechtswissenschaftliche Zukunftsaufgabe.

Gestützt auf den in Art. 2 der Gemeinschaftscharta der sozialen Grundrechte der Arbeitnehmer der Kommmission erteilten Auftrag zur Aufstellung eines sozialpolitischen Aktionsprogramms zur Umsetzung der Gemeinschaftscharta und das daraufhin verabschiedete Programm, hat der Rat der EG durch zwei Mitte 1992 verabschiedete Empfehlungen einen wichtigen weiteren Schritt zur Stärkung der „sozialen Dimension" in der Gemeinschaft getan.

Am 24. Juni 1992 hat der Rat eine *Empfehlung über gemeinsame Kriterien für ausreichende Zuwendungen und Leistungen im Rahmen der Systeme der sozialen Sicherung*[62] verabschiedet vor dem Hintergrund der Art. der *Gemeinschaftscharta,* die darauf abzielen, die soziale Ausgrenzung „im Geiste der Solidarität" zu bekämpfen und – in Ziffer 10 – allen, die vom Arbeitsmarkt ausgeschlossen sind, sowie – in Ziffer 25 – jedem, der das Rentenalter erreicht hat und der über keine ausreichenden Unterhaltsmittel verfügt, Leistungen insbesondere der Sozialhilfe sowie Sachleistungen bei Krankheit zuerkennen, die den jeweiligen spezifischen Bedürfnissen angemessen sind. Die Mitgliedstaaten sollen deshalb im Rahmen eines umfassenden Instrumentariums zur Bekämpfung der sozialen Ausgrenzung (bzw. Armut) anerkennen, daß jeder Mensch einen grundlegenden Anspruch auf ausreichende Zuwendungen und Leistungen hat, um ein menschenwürdiges Leben führen zu können. Der Anspruch soll im Einklang mit den jeweils geltenden staatsangehörigkeits- und aufenthaltsrechtlichen Vorschriften allen Personen eingeräumt werden, die nicht selbst oder innerhalb des Haushalts, in dem sie leben, über ausreichende Mittel zur Deckung des notwendigen Lebensunterhalts verfügen; Ausnahmen sind statthaft für Personen, die einer Vollzeitbeschäftigung nachgehen, sowie für Studenten. Von erwerbsfähigen Personen kann verlangt werden, daß sie sich um eine Erwerbstätigkeit bemühen und ggf. auch berufliche Fortbildungsmaßnahmen in Anspruch nehmen. Der Anspruch auf das „soziale Minimum" soll ohne zeitliche Begrenzung bestehen, solange die Voraussetzungen dafür vorliegen. Das

60 Abgedr. (mit Materialien) in: Soziales Europa, Heft 1/1990.

61 Vgl. zu Diskussionsansätzen zu der Frage, wie eine eigenständige Verantwortung der sozialen Sicherheit im Gemeinschaftsrecht aussehen könnte, die Beiträge in: Eichenhofer, E. (Hg.), Die Reform des koordinierenden EG-Sozialrechts, Köln 1992.

62 Empfehlung 92/441/EWG, ABl. EG Nr. L 245/46 v. 26. 8. 1992.

Leistungsniveau soll sich nach den jeweiligen Verhältnissen in dem betreffenden Mitgliedstaat richten und jedenfalls gewährleisten, daß die Voraussetzungen für ein menschenwürdiges Leben gegeben sind. Die regelmäßige Anpassung des Leistungssatzes soll sich an angemessenen Indikatoren (z. B. dem gesetzlichen Mindestlohn, dem Durchschnittseinkommen der Erwerbstätigen, der Verbrauchsstatistik vergleichbarer Haushalte, dem Preisniveau u.a.) orientieren. Zu gewähren ist der Differenzbetrag zwischen dem jeweiligen Bedarfssatz und den Eigenmitteln des Anspruchstellers. Insofern ist die Leistung nachrangig gegenüber anderen Leistungen, handelt es sich mithin um ein bedarfsabhängiges „garantiertes Mindesteinkommen" (nicht aber etwa um ein bedarfs*un*abhängiges sog. „garantiertes Grundeinkommen"). Auch in anderen Rechtsbereichen – z. B. Unterhaltsrecht, Steuerrecht – soll das so bestimmte *soziale Existenzminimum* berücksichtigt werden. Besonderes Augenmerk sollen die Mitgliedstaaten darauf richten, daß die Bürger über ihre Rechte informiert werden und ihnen die Rechtsdurchsetzung durch ein einfaches und effektives Verfahren erleichtert wird.

In Deutschland erfüllt die Sozialhilfe im wesentlichen bereits heute die in dieser Empfehlung niedergelegten Rechtsprinzipien.[63] Zugleich zeigen freilich Untersuchungen über den Grad der Nichtinanspruchnahme von Sozialhilfe („Dunkelziffer") durch „An-sich-Berechtigte" – z. B. durch „verschämte Altersarme" –, daß es an der gleichfalls postulierten effektiven Umsetzung des Rechts auf ausreichende Zuwendungen und Leistungen noch mangelt.

Ähnlich wie in Deutschland gibt es in Belgien, Dänemark, Frankreich, Irland, Luxemburg, den Niederlanden und dem Vereinigten Königreich (sowie demnächst auch in den neuen Mitgliedstaaten Finnland, Österreich und Schweden) bereits nationale Mindesteinkommens- bzw. Sozialhilfesysteme, die den genannten gemeinschaftsrechtlichen Kriterien weitgehend genügen. „Nachzubessern" ist diesbezüglich insbesondere in Griechenland, Italien, Portugal und Spanien, wo es zum Teil nur für einzelne Personengruppen – Alte, Behinderte (so in Italien, Portugal, Spanien) – sowie auf regionaler und lokaler Ebene (so in Italien und Spanien) entsprechende kategorial bzw. regional begrenzte Teilsysteme gibt, während es an einem umfassenden universellen System, welches die gesamte Bevölkerung abdeckt sowie an der „bedingungslosen" Durchsetzbarkeit eines entsprechenden Anspruchs noch fehlt.[64]

Am 27. Juli 1992 hat der Rat eine *Empfehlung über die Annäherung der Ziele und der Politiken im Bereich des sozialen Schutzes*[65] verabschiedet. Die Empfeh-

---

63 Vgl. dazu etwa *Schulte, B./Trenk-Hinterberger, P.*, Sozialhilfe. Eine Einführung, 2. Aufl., Heidelberg 1986; *dies.*, Bundessozialhilfegesetz (BSHG) mit Durchführungsverordnungen und Erläuterungen, 2. Aufl., München 1988 (2. aktualisierter Nachdruck 1992).

64 Vgl. dazu *Schulte, B.*, Armutsbekämpfung im Wohlfahrtsstaat – Die Rolle der Mindestsicherung der Mitgliedstaaten der EG für Entwicklung und Fortbestand der Wohlfahrtsstaatlichkeit in der Europäischen Gemeinschaft, in: Zeitschrift für Sozialreform (ZSR) 1993, S. 593 ff. m.w.N.

65 Empfehlung 92/442/EWG, Abl. EG 1992 Nr. L 245/49 v. 26. 8. 1992.

lung trägt dem Umstand Rechnung, daß eine soziale Harmonisierung auf Gemeinschaftsebene im Sinne einer Vereinheitlichung oder weitgehenden Annäherung der Sozialschutzsysteme der Mitgliedstaaten nicht möglich (und wohl auch nicht notwendig und nicht sinnvoll) ist, gleichwohl aber eine freiwillige Abstimmung („Konvergenz") der Ziele der Sozialschutzpolitiken der Mitgliedstaaten im Interesse sowohl der Mitgliedstaaten als auch der Gemeinschaft insgesamt liegt, weil die Unterschiede in den mitgliedstaatlichen Systemen der sozialen Sicherheit zum einen die Wahrnehmung des Rechts auf Freizügigkeit der Arbeitnehmer nach wie vor erheblich behindern, und weil sie zum anderen regionale Gefälle, namentlich den Abstand zwischen „Nord" und „Süd" in der Gemeinschaft vergrößern können.

In den Mitgliedstaaten haben überdies vergleichbare Entwicklungen eingesetzt, die zu gemeinsamen Problemen führen, z. B. Alterung der Bevölkerung, Änderung familiärer Strukturen, anhaltend hohe Arbeitslosigkeit sowie Entstehung und Ausbreitung von „neuer" Armut bzw. sozialer Ausschließung.

Entsprechend den Grundsätzen, die in der *Empfehlung über gemeinsame Kriterien für ausreichende Zuwendungen und Leistungen im Rahmen der Systeme der sozialen Sicherheit* aufgeführt sind, soll zunächst der notwendige Lebensunterhalt gewährleistet werden. Ferner soll Personen, die rechtmäßig im Hoheitsgebiet eines Mitgliedstaats ansässig sind, ungeachtet ihrer finanziellen Mittel der Zugang zu Gesundheitssicherungssystemen offenstehen. Darüber hinaus sollen diese Personen möglichst in Erwerbsleben und Gesellschaft integriert werden. Arbeitnehmern sind Einkommensersatzleistungen bei Arbeitsunfähigkeit infolge Krankheit, Unfall, Mutterschaft, Invalidität, Arbeitslosigkeit sowie im Ruhestand zu gewähren, die eine angemessene Lebenshaltung ermöglichen und im Grundsatz die Beibehaltung des bisherigen Lebensstandards gestatten. Für die Funktionsbereiche Krankheit, Mutterschaft, Arbeitslosigkeit, Arbeitsunfähigkeit, Alter sowie Familie werden schließlich einzelne Ziele formuliert, die gleichsam eine Summe dessen bilden, was an Gewährleistungen in den mitgliedstaatlichen Sozialschutzsystemen bereits vorhanden ist oder doch als notwendig anerkannt wird und deshalb von den 12 Mitgliedstaaten gemeinsam getragen und als Richtlinie verabschiedet werden konnte.

Beide Empfehlungen sehen vor, daß die Kommission der EG zusammen mit den Mitgliedstaaten einen systematischen Informations- und Erfahrungsaustausch sowie eine kontinuierliche Bewertung der in diesem Bereich getroffenen nationalen Maßnahmen durchführt. Eine rechtsverbindliche Einflußnahme auf die nationalen Sozialpolitiken der Mitgliedstaaten ist mit beiden Rechtsinstrumenten hingegen nicht verbunden. Auch „nach Maastricht" wird es deshalb allenfalls zu einer gemeinschaftsweiten Vereinbarung *sozialer Mindeststandards* in ausgewählten Bereichen sowie zu einer freiwilligen Abstimmung sozialer Ziele, nicht aber zu einer umfassenden *sozialen Harmonisierung* kommen. Eine derartige Harmonisierung entspräche auch nicht der sozialen Vielfalt der Mitgliedstaaten.[66] Auch ist nicht zu

---

66 *Siehe oben A.*

verkennen, daß die unterschiedlichen Sozialstandards in den Mitgliedstaaten den sozial unterentwickelten Volkswirtschaften gewisse Kostenvorteile einräumen, die diesen Staaten ein vermehrtes Wirtschaftswachstum und damit ggf. ein „soziales Aufholen" gestatten. Um allerdings zu vermeiden, daß ein wirtschaftlicher Wettbewerb unter Einsatz geringerer sozialer Standards und insbesondere niedriger Sozialabgaben die sozialen Standards in der Gemeinschaft allgemein senkt, ist die Festlegung *gemeinsamer Mindeststandards*, wie sie beispielhaft Art. 118 a EGV vorsieht, eine wichtige Ergänzung.

Während nach dem EWG-Vertrag die Gemeinschaft nur im Zusammenhang mit der Regelung anderer Politikbereiche und somit lediglich mittelbar Maßnahmen mit gesundheitspolitischen Auswirkungen treffen konnte, hat im heutigen EG-Vertrag das Handeln der Gemeinschaft im gesundheitspolitischen Bereich durch die Festschreibung der Aufgabe, einen „Beitrag zur Erreichung eines hohen Gesundheitsschutzniveaus" zu leisten in Art. 3 Buchst. o) EGV sowie durch die Einfügung des Titels X Gesundheitswesen und des Art. 129 EGV (Beitrag der Gemeinschaft zur Krankheitsverhütung) in den Vertrag eine eigenständige Rechtsgrundlage erhalten.

In der Vergangenheit hat die Gemeinschaft zahlreiche Verordnungen und Richtlinien erlassen, die das Arznei-, Lebensmittel-, Veterinär- und Medizinproduktrecht, den freien Warenverkehr für medizinische Produkte, den Arbeitsschutz, sowie die gegenseitige Anerkennung für medizinische Berufsabschlüsse und das Niederlassungsrecht betreffen. Darüber hinaus gab es eine Reihe von Aktionsprogrammen mit originär gesundheitspolitischer Zielsetzung, wie z. B. „Europa gegen den Krebs"[67] und „Europa gegen AIDS".[68] Art. 129 Abs. 1 EGV i.V.m. Art. 3 Buchst. o) EGV verpflichtet die Gemeinschaft nunmehr dazu, einen Beitrag zur Sicherstellung bzw. Erreichung eines hohen Gesundheitsschutzniveaus zu leisten; dies impliziert gleichsam als Kehrseite ein „Verschlechterungsverbot", damit eine Nivellierung der Gesundheitsstandards in den Mitgliedstaaten auf ein niedrigeres Niveau nicht stattfindet.[69]

Die Tätigkeit der Gemeinschaft ist auf die Verhütung von Krankheiten (etwa im Sinne von Public Health) beschränkt und erstreckt damit nicht auf die sozialen Sicherungssysteme bei Krankheit. Letztlich liegt die Verantwortung für Gesundheitswesen und Gesundheitspolitik auch künftig grundsätzlich bei den Mitgliedstaaten; sie sind auch allein für Organisation und Finanzierung ihrer Gesundheitsversorgungssysteme verantwortlich. Die Gemeinschaft leistet hier lediglich einen Beitrag durch Förderung der Zusammenarbeit und erforderlichenfalls durch Unterstützung der Tätigkeit der Mitgliedstaaten. Auch die Koordinierung der nationalen Gesund-

---

67 ABl. EG 1986 Nr. C 184, 5.

68 ABl. EG 1991 Nr. C 175, 26.

69 Vgl. dazu etwa *Engelhard, H.*, Art. 129 Rz. 3, in: Lenz, C. (Hg.), EG-Vertrag, aaO (Fn. 34).

heitspolitiken und -programme ist gemäß Art. 129 Abs. 2 S. 1 EGV Angelegenheit der Mitgliedstaaten, die allerdings dabei im Benehmen mit der EG-Kommission handeln.[70] Vor diesem Hintergrund verdient die These Beachtung, daß der Titel X des EG-Vertrages *„ein neues und kompetenziell weiterführendes Mandat im offenen Prozeß der differenzierten Herausbildung einer konvergenten Gesundheitspolitik mit entsprechenden Rechtsetzungskompetenzen der Gemeinschaft verkörpert"*.[71] Es steht zu erwarten, daß die Aufgabe der Gemeinschaft, zur Erreichung eines hohen Gesundheitsschutzniveaus beizutragen, im Verbund mit den Auswirkungen der sonstigen Politiken der Gemeinschaft und insonderheit mit der Systementscheidung des Europäischen Binnenmarktkonzeptes zugunsten einer dem Wettbewerb verpflichteten Politik dafür sorgen wird, daß sich die gesundheitliche Versorgung in den Mitgliedstaaten einander angleicht. Wie auf dem *Gütermarkt* die pharmazeutischen und medizinisch-technischen Produkte, auf dem *Dienstleistungsmarkt* die Leistungserbringer (Ärzte, Apotheker, Optiker, Krankenhäuser u.a.) sowie auf der Ebene der *Leistungsträger* die gesetzlichen Krankenkassen und privaten Krankenversicherungsunternehmen potentiell im Wettbewerb stehen, so konkurrieren auf dem *Arbeitsmarkt* Ärzte sowie Angehörige anderer Heil- und Heilhilfsberufe im Grundsatz europaweit miteinander.[72] Allerdings stehen die genannten Grundfreiheiten des Gemeinsamen Marktes in einem Spannungsverhältnis zum *sozialen* Mandat des Gesundheitswesens, dessen Auflösung in einem Ausgleich zwischen beiden Interessen gesucht werden muß (wobei der Rückgriff auf die in Art. 130 a EGV verankerte Verpflichtung der Gemeinschaft auf eine „Politik zur Stärkung ihres wirtschaftlichen und sozialen Zusammenhalts", und damit auf die sog. „soziale Kohäsion" ein Weg sein mag, diesen Gegensatz aufzulösen).[73]

---

70 Vgl. zu den rechtlichen Vorgaben des Gemeinschaftsrechts für die Sozialpolitik etwa *Schwanenflügel, M. von*, Die neuen Kompetenzen der Europäischen Gemeinschaften im Bereich der Gesundheitspolitik, in: Juristen-Zeitung (JZ) 1993, S. 151ff; *Stein, H.*, Aufwertung des öffentlichen Gesundheitswesens als europäische Herausforderung, in: Institut für Gesundheits-System-Forschung Kiel (Hg.), Bericht über die Tagung „Das öffentliche Gesundheitswesen im Jahr 2000", 1992, S. 52 ff.; *Mäder, W.*, Integrations- und Gesundheitspolitik der Europäischen Gemeinschaft, Bonn 1993.

71 So *Pitschas, R.*, Die Weiterentwicklung der sozialen Krankenversicherung in Deutschland im Gegenlicht europäischer Gesundheitspolitik, in: Vierteljahresschrift für Sozialrecht (VSSR) 1994, S. 85 ff., 93.

72 Vgl. zu dieser Wettbewerbsthematik etwa *Maydell, B. von*, Erbringung von Sozialleistungen, insbesondere im Gesundheitswesen und Marktfreiheit, in: Maydell, B. von / Schnapp, F. (Hg.), Die Auswirkungen des EG-Rechts auf das Arbeits- und Sozialrecht der Bundesrepublik, Berlin 1992, S. 25ff; *Kötter, U.*, Die soziale Sicherung der Krankheitskosten im Spannungsfeld zwischen der EG-Sozialpolitik und nationalen Entwicklungen, in: Scholz, R. (Hg.), Deutschland auf dem Weg in die Europäische Union: Wieviel Eurozentralismus – wieviel Subsidiarität?, 1994, S. 269 ff., 275 f.; *Pitschas, R.*, Inhalt und Reichweite des Mandats der Europäischen Gemeinschaft auf dem Gebiet der Gesundheitspolitik, in: Zeitschrift für Sozialreform (ZSR) 1993, S. 468 ff.; ausfürhlich *Zechel, S.*, Die territorial begrenzte Leistungserbringung der Krankenkassen im Lichte des EG-Vertrages, Berlin 1995.

73 Vgl. in diesem Sinne *Pitschas, R.*, aaO (Fn. 71), S. 101; vgl. ferner *ders.*, „Soziale" Kollisionen im Verfassungsstaat Europa und nationale Arbeitsvermittlung, in: Die Sozial-

Aus dieser „Europäisierung“ der Gesundheitspolitik folgt zugleich, daß auch die gesundheitsbezogene *Sozialarbeit* beispielsweise gleichsam einen weiteren Schub in Richtung „Europäisierung“ erhält, unterliegen doch die Heil- und Heilhilfsberufe bereits seit geraumer Zeit den Gewährleistungen Personenfreiheiten im gemeinsamen Markt, d. h. Freizügigkeit der Arbeitnehmer, Niederlassungsfreiheit der Selbständigen und (aktiver und passiver) Dienstleistungsfreiheit.[74] Entsprechend stellt sich die Rechtslage bei den Berufen dar, die beispielsweise in Zusammenhang mit der heute viel diskutierten Altenhilfe bedeutsam sind.

V. Künftige soziale Dimension der Europäischen Gemeinschaft

Gelegentlich wird von der Europäischen Union auch als einer künftigen „*Sozialunion*“ gesprochen. Versteht man diesen Begriff in dem Sinne, der ihm etwa im Rahmen des deutschen Vereinigungsprozesses mit seinem Stadium der Wirtschafts-, Währungs- und Sozialunion zugekam, so impliziert er eine weitgehende Vereinheitlichung der arbeits- und sozialrechtlichen Vorschriften der Mitgliedstaaten. Ein derartiger Grad der Rechtsvereinheitlichung wird derzeit aber auf Gemeinschaftsebene allenfalls in Gestalt der vereinbarten, in ihrer Realisierung noch in der Ferne liegenden Europäischen Wirtschafts- und Währungsunion angestrebt. Angesichts der Diskussion um die Fortentwicklung der gemeinsamen Sozialpolitik, wie sie derzeit vor dem Hintergrund des *Weißbuchs* der Europäischen Kommission von 1993 „*Wachstum, Wettbewerbsfähigkeit, Beschäftigung. Herausforderungen der Gegenwart und Wege ins 21. Jahrhundert*“[75] – sowie des „Grünbuchs“[76] und des „Weißbuchs“ zur Europäischen Sozialpolitik[77] stattfindet, erscheint der Begriff eher als zu hoch gegriffen, befindet sich doch die soziale Dimension der Gemeinschaft gegenwärtig auf einem Entwicklungspfad, welcher im Sozialbereich den Mitgliedstaaten sehr viel größere Befugnisse beläßt als in denjenigen Politikbereichen, die wie die Landwirtschaftspolitik, die Wettbewerbspolitik, die Handelspolitik sowie künftig auch die Wirtschafts- und Währungspolitik in sehr viel höherem Maße der Gemeinschaftskompetenz zugewiesen sind und zu den zentra-

---

gerichtsbarkeit (SGb.) 1992, S. 477 ff; *Schäfers, M.*, Die Kohäsionspolitik der Europäischen Gemeinschaft, 1993, S. 173 ff.

74 Vgl. *Pitschas, R.*, Europäische Gesundheitspolitik und berufliche Sozialarbeit im Gesundheitswesen, in: Nachrichtendienst des Deutschen Vereins für öffentliche und private Fürsorge (NDV) 74 (1994), S. 459 ff. Zur Altenhilfe vgl. demnächst *Schulte, B.*, Altenhilfe in Europa – Rechtliche, institutionelle und infrastrukturelle Bedingungen. Landesberichte für Dänemark, Deutschland, Frankreich, Niederlande, Spanien, Vereinigtes Königreich. Vergleichender Gesamtbericht. Ein Rechtsgutachten für das Bundesministerium für Familie, Frauen, Jugend und Senioren, München / Bonn: BMFFJS, 1995 (Ms.; *Veröff. i. Vorb.*).

75 Kommission der EG, Brüssel: EG, 1993.

76 Kommission der EG, Europäische Sozialpolitik. Weichenstellung für die Europäische Union, Brüssel: EG 1993.

77 Kommission der EG, Europäische Sozialpolitik. Ein zukunftsweisender Weg für die Union, Brüssel: EG, 1994.

len Tätigkeitsfeldern der Europäischen Union gehören. Da man mithin künftig auf Gemeinschaftsebene von einer „Sozialunion" nicht in demselben Maße wird reden können wie von einer Zoll-, Wirtschafts- und Währungsunion, sollte man die soziale Dimension der Gemeinschaft mit dem Begriff *Sozialgemeinschaft* kennzeichnen und auch die Frage nach der Existenz des „Europäischen Wohlfahrtsstaats" oder „Europäischen Sozialstaats" in der Weise beantworten, daß es auch künftig in der Europäischen Union nach wie vor ein Nebeneinander von zwölf, ab 1. 1. 1995 fünfzehn – und demnächst sogar noch mehr – nationalen Wohlfahrts- bzw. Sozialstaaten geben wird.

Allerdings werden sowohl die künftigen Integrationsschritte, namentlich die geplante Wirtschafts- und Währungsunion mit ihren den Mitgliedstaaten eine strenge und tendenziell die Sozialausgaben begrenzende Ausgabendisziplin abverlangenden Konvergenzkriterien als auch das an Bedeutung und Umfang ständig zunehmende primäre und sekundäre Gemeinschaftsrecht den Spielraum für eigenständiges, autonomes sozialpolitisches und damit zugleich sozialrechtliches Handeln der Mitgliedstaaten spürbar beschneiden. Nach Art. 5 EGV treffen die Mitgliedstaaten

> „alle geeigneten Maßnahmen allgemeiner und besonderer Art zur Erfüllung der Verpflichtungen, die sich aus diesem Vertrag oder aus Handlungen der Organe der Gemeinschaft ergeben", erleichtern sie *„dieser die Erfüllung ihrer Aufgaben"*,

und

> „unterlassen (sie) alle Maßnahmen, welche die Verwirklichung der Ziele dieses Vertrags gefährden können".

Gemäß dieser Pflicht zur Kooperation und zum gemeinschaftstreuen Verhalten ist alles nationale Recht EG-Rechtskonform auszulegen, wobei sich diese Verpflichtung keineswegs nur auf das auf Gemeinschaftsrecht beruhende nationale Recht beschränkt, sondern allgemein gilt. Damit wird eine Entwicklung fortgesetzt, die als „Europäisierung" des nationalen Rechts der Mitgliedstaaten auf den Begriff gebracht werden kann. Für das nationale Recht bedeutet diese Entwicklung, daß

> „auch die nationalen Rechtsstrukturen und Dogmatiken mit zunehmender Geschwindigkeit in die Abhängigkeit des Gemeinschaftsrechts geraten, von dort Vorgaben empfangen, die ihre Weiterentwicklung bestimmen und womöglich in grundlegenden Fragen zu einem Umdenken zwingen. Dies allein ist Grund genug, die Entwicklung des Gemeinschaftsrechts nicht allein den ‚Europarechtlern' zu überlassen, sondern auch gleichsam ‚von unten', aus der mitgliedstaatlichen Perspektive kritisch zu verfolgen".[78]

Dies läßt sich exemplarisch an aktuellen Entwicklungen des Europäischen Gemeinschaftsrechts illustrieren.

---

78 Vgl. in diesem Sinne *Ossenbühl, F.*, Der gemeinschaftsrechtliche Staatshaftungsanspruch, in: Deutsches Verwaltungsblatt (DVBl.) 107 (1992), S. 993 ff.

VI. Mittelbare Auswirkungen des Gemeinschaftsrechts auf das nationale Sozialrecht

So hat sozialrechtlichen Gehalt etwa auch die *Dienstleistungsfreiheit*, die zu den Grundfreiheiten der Gemeinschaft gehört und in den Artt. 59–66 EGV näher ausgestaltet ist. Die Dienstleistungsfreiheit hat ursprünglich sehr viel geringere Beachtung gefunden als die Niederlassungs- und Kapitalverkehrsfreiheit sowie die Freizügigkeit der Arbeitnehmer, bis der Europäische Gerichtshof ihren Stellenwert im Gemeinschaftsgefüge verdeutlicht und sie zugleich in das allgemeine Bewußtsein gerückt hat.

Beachtung verdienen in diesem Zusammenhang insbesondere die Entscheidungen zur unmittelbaren Anwendbarkeit der Artt. 59 und 60 EGV,[79] zur Unterstellung von Berufs- und Gewerbeausübungsregelungen unter den Begriff der „Beschränkung des freien Dienstleistungsverkehrs",[80] zur passiven Dienstleistungsfreiheit,[81] zur Abgrenzung der Dienstleistungsfreiheit gegenüber der Freizügigkeit der Arbeitnehmer,[82] zur Niederlassungsfreiheit (am Beispiel des Versicherungsmarktes)[83] u.a. Im Zusammenhang mit der *passiven Dienstleistungsfreiheit* hat der Gerichtshof hervorgehoben, daß neben Geschäftsreisenden beispielsweise auch Studienreisende, Personen, die eine medizinische Behandlung in Anspruch nehmen, sowie Touristen als Empfänger von Dienstleistungen anzusehen sind.[84]

In seiner Entscheidung zur Mißbräuchlichkeit der Ausnutzung seines Alleinvermittlungsrechts („Vermittlungsmonopols") durch die Bundesanstalt für Arbeit bei der Vermittlung leitender Angestellter hat der Gerichtshof die Frage nach der Vereinbarkeit staatlicher Dienstleistungsmonopole mit den *Wettbewerbsregeln des Gemeinschaftsrechts* (Artt. 85ff. EGV) und mit der Freiheit des Dienstleistungsverkehrs (Art. 59 EGV) aufgeworfen.[85] Danach sind jedenfalls solche Dienstlei-

---

79 EuGH, RS 33/74 (van Binsbergen), EuGHE 1974, 1299.

80 EuGH, RS 279/80 (Webb), EuGHE 1981, 3305.

81 EuGH, RS 206/82 (Luisi u. Carbone), EuGHE 1984, 377.

82 EuGH, RS 113/89 (Rush Portuguesa), EuGHE 1990, I-1439.

83 EuGH, RS 205/84 (Kommission der EG ./. Bundesrepublik Deutschland), EuGHE 1986, 3755.

84 EuGH, RS 279/80, 286/82 u. 26/83 (Luisi u. Carbone), EuGHE 1984, 377; Urt. v. 2. 2. 1989, RS 186/87 (Cowan), EuGHE 1989, 195 (Anspruch eines Touristen als Empfänger von Dienstleistungen auf staatliche Verbrechensopferentschädigung); Urt. v. 5. 10. 1988, RS 196/87 (Steymann), EuGHE 1988, 6159 (keine Dienstnehmereigenschaft von Personen, die in einem anderen Mitgliedstaat auf unbestimmte Dauer Dienstleistungen erbringen oder empfangen).

85 EuGH, RS C-41/90 (Höfner u.a.), EuGHE 1991 I-1979; dazu *Bieback, K.-J.*, Legitimität und Umfang des Alleinvermittlungsrechts der Bundesanstalt für Arbeit nach nationalem und EG-Recht, in: Die Sozialgerichtsbarkeit (SGb.) 1993, S. 499ff; *Eichenhofer, E.*, Das Arbeitsvermittlungsmonopol der Bundesanstalt für Arbeit und das EG-Recht, in: Neue Juristische Wochenschrift (NJW) 1991, S. 2857ff; *Mauer, J./Herbert, A.*, Das Arbeitsvermittlungsmonopol der Bundesanstalt für Arbeit im Lichte des nationalen und internationalen Rechts, in: Neue Zeitschrift für Arbeits- und Sozialrecht (NZA) 8 (1991), S. 416ff.

stungsmonopole gemeinschaftswidrig, welche mißbräuchlich genutzt werden, die Nachfrage auf dem Markt nach den „Monopolleistungen" nicht befriedigen, und deswegen der sachlichen Rechtfertigung ermangeln.

Soweit die Dienstleistungsfreiheit auch für *soziale Dienstleistungen* gilt, die gegen Entgelt zur Verfügung gestellt werden,[86] stellt sich angesichts des Umstandes, daß in Deutschland die Sozialleistungsträger derartige Leistungen in großem Umfang auf dem Markt „einkaufen", die Frage, wie Marktfreiheit und nationale Kompetenz im Sozialleistungsbereich voneinander abzugrenzen sind.[87] Intensität der Einschränkung der Markt- und Dienstleistungsfreiheit einerseits sowie Rechtfertigung dieser Einschränkung durch Belange des Allgemeinwohls und Verhältnismäßigkeitsprinzip andererseits sind Kriterien, welche für die (in der Judikatur des Gerichtshofs noch nicht erfolgte) Lösung dieses Konflikts eine Rolle spielen.[88]

Was die konkreten Maßnahmen zur Herstellung eines gemeinsamen Marktes für *Versicherungen* angeht, so lassen sich im Bereich der *Schadenversicherung* anhand der Gemeinschaftsrechtsetzung drei Etappen unterscheiden, die sich der *Ersten* – 1973 –, *Zweiten* – 1988 – und *Dritten Richtlinie Schadenversicherung* – 1992 – zuordnen lassen.

Mit der *Dritten Richtlinie Schadenversicherung*[89] ist die Verantwortung für die Aufsicht über die finanzielle Solidität gemeinschaftsweit operierender Versicherungsunternehmen mit Sitz in einem Mitgliedstaat auf die zuständige Behörde des Herkunftslandes übergegangen. Das frühere deutsche Recht, wonach sowohl Unternehmen mit Sitz in Deutschland als auch Unternehmen mit Sitz in einem anderen Mitgliedstaat, die in Deutschland das Direktversicherungsgeschäft betreiben wollten, einer Erlaubnis durch das Bundesaufsichtsamt für das Versicherungswe-

---

86 EuGH, RS 263/82 (Humbel u.a.), EuGHE 1988, 5365; dazu etwa *Sieveking, K.*, Bildung im Europäischen Gemeinschaftsrecht, in: Kritische Vierteljahresschrift für Gesetzgebung und Rechtswissenschaft (KritV) 3 (1991), S. 344 ff.

87 Vgl. zu dieser Fragestellung etwa *Bieback, K.-J.*, Marktfreiheit in der EG und nationale Sozialpolitik vor und nach Maastricht, in: Europarecht (EuR) 28 (1993), S. 150 ff., 160 ff.

88 Vgl. zur Rechtfertigung innerstaatlicher Beschränkungen der Dienstleistungsfreiheit in der Rechtsprechung des Gerichtshofs *Hailbronner, K. / Nachbaur, A.*, Die Dienstleistungsfreiheit in der Rechtsprechung des EuGH, in: Europäische Zeitschrift für Wirtschaftsrecht (EuZW) 1992, S. 105 ff., 110 f.; zum – zu Recht für „nicht statisch" erklärten – Kompromiß zwischen Marktfreiheit und nationaler Sozialkompetenz *Bieback, K.-J.*, aaO (Fn. 87), S. 161 f.

89 Vgl. *Erste Richtlinie 73/239/EWG zur Koordinierung der Rechts- und Verwaltungsvorschriften betreffend die Aufnahme und Ausübung der Tätigkeit der Direktversicherung (mit Ausnahme der Lebensversicherung)* v. 24. Juni 1973, ABl. EG 1973 Nr. L 228/3; *Zweite Richtlinie 88/357/EWG zur Koordinierung der Rechts- und Verwaltungsvorschriften für die Direktversicherung (mit Ausnahme der Lebensversicherung) und zur Erleichterung der tatsächlichen Ausübung des freien Dienstleistungsverkehrs sowie zur Änderung der Richtlinie 73/239/EWG* v. 22. Juni 1988, ABl. EG 1988 Nr. L 172/1; *Dritte Richtlinie 92/49/EWG des Rates zur Koordinierung der Rechts- und Verwaltungsvorschriften für die Direktversicherung (mit Ausnahme der Lebensversicherung) sowie zur Änderung der Richtlinien 73/239/EWG und 88/357/EWG* v. 18. Juni 1992, ABl. EG 1992 EG Nr. L 228/1.

sen bedurften und der Überwachung dieses Amtes unterstanden, mußte deshalb bis zum 31. Dezember 1993 dem Gemeinschaftsrecht angepaßt werden.[90]

Art. 54 RL 92/49/EWG enthält allerdings eine besondere Regelung, die den Mitgliedstaaten, in denen die Private Krankenversicherung (PKV) die gesetzliche Krankenversicherung ganz oder teilweise ersetzen kann (sog. substitutive Krankenversicherung), bestimmte Regelungsbefugnisse beläßt. Ein solcher Mitgliedstaat kann u.a. verlangen, daß der Versicherungsvertrag den von diesem Mitgliedstaat erlassenen spezifischen Rechtsvorschriften zum Schutze des Allgemeininteresses in bezug auf diesen Versicherungszweig entspricht und den zuständigen Behörden dieses Mitgliedstaats die allgemeinen und die besonderen Versicherungsbedingungen vor deren Verwendung mitgeteilt werden.

Werden die Versicherungsbeiträge unter Zugrundelegung von Wahrscheinlichkeitstafeln versicherungsmathematisch berechnet, wird eine Altersrückstellung gebildet, kann der Versicherer den Vertrag nur innerhalb einer bestimmten Frist kündigen u.a., so kann vorgeschrieben werden, daß die substitutive Krankenversicherung in technischer Hinsicht nach Art der Lebensversicherung und allein nach dem Anwartschaftsdeckungsverfahren durchgeführt wird.

Diese gemeinschaftsrechtliche Ausnahmeregelung, deren Umsetzung in das nationale Recht eine Reihe schwieriger Rechtsprobleme aufgeworfen hat,[91] illustriert sowohl den funktionalen Zusammenhang, der zwischen Sozialversicherung und Privatversicherung besteht, als auch das schwierige Nebeneinander von gemeinschaftsrechtlichen Marktfreiheiten einerseits und „abgeschotteten“ nationalen Sozialleistungssystemen andererseits. Darüber hinaus illustriert dieses Beispiel auch die zunehmende „Europäisierung“ des nicht zum Sozialrecht im *formellen* (d. h. am Inhalt des Sozialgesetzbuchs orientierten), aber zum Sozialrecht im *materiellen* (d. h. am allgemein verfolgten sozialpolitischen Zweck orientierten) Sinne zu rechnenden „privat(rechtlich)en Sozialrechts“.

VII. Einzelne rechtsdogmatische Fragen

1. Indirekte Diskriminierung

In seinen Entscheidungen in den Rechtssachen 41/84 (Pinna I)[92] und 20/85 (Roviello)[93], die zu den Gemeinschaftsverordnungen über die soziale Sicherheit – Ver-

---

90 Vgl. Versicherungsaufsichtsgesetz (VAG) i.d.F. des Gesetzes zur Durchführung versicherungsrechtlicher Richtlinien des Rates der EG (Zweites Durchführungsgesetz (EWG) zum Versicherungsaufsichtsgesetz) v. 28. 6. 1990, BGBl. 1990 I S. 1249.

91 Vgl. dazu etwa *Maydell, B. von/Schulte, B./Seegmüller, A.*, Rechtsgutachten zu Fragen der Anpassung des VAG an die Dritte Schadenversicherungsrichtlinie, die sog. „Treuhänderproblematik“, München/Köln: Ms., 1993.

92 EuGHE 1986, 1 (Familienleistungen für Wanderarbeitnehmer in Frankreich, deren Kinder in einem anderen Mitgliedstaat wohnen – Art. 73 VO (EWG) Nr. 1408/71 a.F. -).

ordnungen (EWG) Nr. 1408/71 und Nr. 574/72 – ergangen sind, hat der Gerichtshof entscheidend darauf abgestellt, daß der gemeinschaftsrechtliche Gleichbehandlungsgrundsatz – hier bezogen auf EG-Wanderarbeitnehmer und einheimische Arbeitnehmer – nicht nur offenkundige Diskriminierungen aufgrund der Staatsangehörigkeit, sondern auch alle „verschleierten" Formen der Diskriminierung – sog. indirekte Diskriminierungen – verbietet, die mit Hilfe der Anwendung anderer Unterscheidungsmerkmale als demjenigen der Staatsangehörigkeit tatsächlich zu demselben Ergebnis führen.[94]

Der Gerichtshof hat damit eine Klarstellung in bezug auf den Umfang des gemeinschaftsrechtlichen Diskrimierungsverbots in Art. 48 Abs. 2 EGV vorgenommen, die in dieser Bestimmung selbst („Abschaffung jeder auf der Staatsangehörigkeit beruhenden unterschiedlichen Behandlung") nicht ausdrücklich ausgesprochen wird, in anderen Vorschriften des EG-Vertrages und im sekundären Gemeinschaftsrecht jedoch explizit ihren Niederschlag gefunden hat. So dürfen beispielsweise Einfuhr-, Ausfuhr- und Durchfuhrverbote oder -beschränkungen, die u.a. aus Gründen der öffentlichen Sicherheit und Ordnung erlassen werden, expressis verbis ausweislich des EG-Vertrages *„weder ein Mittel zur willkürlichen Diskriminierung noch eine verschleierte Beschränkung des Handelns zwischen den Mitgliedstaaten darstellen"* (Art. 36 S. 2 EGV) und ordnet Art. 3 Abs. 1 S. 1 VO (EWG) Nr. 1612/68 an, daß Rechts- und Verwaltungsvorschriften oder Verwaltungspraktiken eines Mitgliedstaats, *„die, ohne auf die Staatsangehörigkeit abzustellen, ausschließlich oder hauptsächlich bezwecken oder bewirken, daß Angehörige der übrigen Mitgliedstaaten von der angebotenen Stelle ferngehalten werden"*, im Rahmen dieser Verordnung keine Anwendung finden.

Von besonderer Bedeutung ist die indirekte Diskriminierung für die gemeinschaftsrechtlich gebotene *Gleichbehandlung von Männern und Frauen im Arbeits- und Sozialrecht.* Es geht dabei um die Frage, inwieweit die Angehörigen des einen Geschlechts durch unterschiedliche rechtliche Regelungen, die nicht unmittelbar nach dem Geschlecht differenzieren, mittelbar stärker betroffen werden als die Angehörigen des anderen Geschlechts.

Die Bedeutung des Europäischen Gemeinschaftsrechts und der Rechtsprechung des Europäischen Gerichtshofs zu dieser Problematik gerade für die Bundesrepublik Deutschland ergibt sich nicht zuletzt daraus, daß im Zusammenhang mit Art. 3 GG das Verbot der mittelbaren Diskriminierung nur sehr wenig problematisiert und diskutiert worden ist.[95] Es nimmt deshalb auch nicht wunder, daß über den In-

---

93 EuGHE 1988, 2805.

94 EuGHE 1986, 1 ff., 25 (Rdnr. 23); EuGHE 1988, 2805 ff., S. 2852 (Rdnr. 14).

95 Darauf verweist zurecht *Bieback, K.-J.*, Mittelbare Diskriminierung der Frauen im Sozialrecht – nach EG-Recht und dem Grundgesetz –, in: Zeitschrift für ausländisches und internationales Arbeits- und Sozialrecht (ZIAS) 4 (1990), S. 1 ff., 1. Zur mittelbaren Diskriminierung jetzt eindringlich *Fuchsloch, Ch.*, Das Verbot der mittelbaren Geschlechtsdiskriminierung. Ableitung, Analyse und exemplarische Anwendung auf staatliche Berufsausbildungsförderung, Baden-Baden 1995.

halt dessen, was mit „mittelbarer Diskriminierung" sowohl im deutschen als auch im Europäischen Recht konkret gemeint ist, große Unklarheit besteht.[96]

Der Gerichtshof hat sich vor nunmehr 20 Jahren in der Rechtssache 152/73 (Sotgiu)[97] erstmalig mit der Problematik der *indirekten Diskriminierung* in diesem Bereich befaßt. Seitdem hat er dazu bis Mitte der 90er Jahre allein im Bereich der Gleichbehandlung von Männern und Frauen über 20 Urteile gefällt.[98]

Nach Art. 4 Abs. 1 RL 79/7 EWG betr. die schrittweise Verwirklichung des Grundsatzes der Gleichbehandlung von Männern und Frauen in der sozialen Sicherheit[99] beinhaltet der Grundsatz der Gleichbehandlung in diesem Zusammenhang explizit *„den Fortfall jeglicher unmittelbaren oder mittelbaren Diskriminierung aufgrund des Geschlechts"* im sachlichen Anwendungsbereich der Richtlinie.

Das Vorliegen einer *mittelbaren Diskriminierung* läßt sich anhand bestimmter Kriterien messen, so (1) der *Geschlechtsneutralität* der Regelung (da bei einer geschlechtsspezifischen Unterscheidung eine *un*mittelbare Diskriminierung in Betracht kommt), (2) der *unterschiedlichen Betroffenheit* (in bezug auf Bedeutung der Ungleichbehandlung, Ausmaß der Betroffenheit, Anzahl der Betroffenen u.a.), (3) des *Kausalzusammenhangs zwischen der rechtlichen Ausgestaltung und der diskriminierenden Auswirkung* einer Maßnahme, (4) der – ggf. – *objektiven Rechtfertigung* der Ungleichbehandlung, sowie (5) des *Grundsatzes der Verhältnismäßigkeit.*[100]

Da der Nachweis sich ungleich auswirkender benachteiligender Wirkungen von Maßnahmen häufig nur sehr schwer zu führen ist – zumal wenn derjenige, der die Ungleichbehandlung vornimmt, allein über die erforderlichen Daten verfügt –, hat der Gerichtshof in bestimmten Fällen eine Umkehr der Argumentations- und Be-

---

96 Vgl. dazu etwa die nur sehr knappen Hinweise im opus magnum von *Sachs, M.*, Grenzen des Diskriminierungsverbots, München 1987, S. 479, Fn. 403.

97 EuGH, RS 152/73 (Sotgiu), EuGHE 1974, 153 (Verbot nicht nur „offensichtlicher" Diskriminierungen aufgrund der Staatsangehörigkeit, sondern auch „aller versteckten Formen der Diskriminierung, die durch die Anwendung anderer Unterscheidungsmerkmale tatsächlich zu dem gleichen Ergebnis führen", durch die Gleichbehandlungsvorschriften sowohl des EG-Vertrages als auch des Art. 7 VO (EWG) Nr. 1612/68, Rdnr. 11 (S. 164)).

98 Vgl. EuGH, RS 96/80 (Jenkins), EuGHE 1981, 911; RS 170/84 (Bilka), EuGHE 1986, 1607; RS 237/85 (Rummler), EuGHE 1986, 2101; RS 30/85 (Teuling), EuGHE 1987, 2497; RS 171/88 (Rinner-Kühn), EuGHE 1989, 2743; RS C-109/88 (Danfoss), EuGHE 1989, 3199; RS C-102/88 (Ruzius-Wilbrink), EuGHE 1989, 4311; RS C-33/89 (Kowalska), EuGHE 1990, I-2599, C-184/89 (Nimz), EuGHE 1991, I-297; RS C-229/89 (Kommission der EG ./. Königreich Belgien), EuGHE 1991, I-2205; RS C-360/90 (Bötel), EuGHE 1992, I-3589; RS C-226/91 (Molenbroek), EuGHE 1992, I-5943; RS C-127/92 (Enderby) – in EuGHE noch nicht veröff.; RS C-123/92 (Roberts) – in EuGHE noch nicht veröff.

99 ABl. EG 1978 Nr. L 6/24.

100 In diesem Sinne *Bieback, K.-J.*, in: Nomos Kommentar zum Europäischen Sozialrecht, aaO (Fn. 21), C. I. Art. 119 Rz. 37–58 m.w.N. zur Judikatur des EuGH sowie zur einschlägigen Literatur.

weislast angeordnet,[101] die er aus dem allgemeinen Gebot der wirksamen Durchführung des Gemeinschaftsrechts sowie aus der Verpflichtung der Mitgliedstaaten ableitet, das Gemeinschaftsrecht zu vollziehen und insbesondere Richtlinien umzusetzen. In solchen Fällen reicht es deshalb aus, daß die Person, welche das Vorliegen einer Diskriminierung behauptet, die Tatsachen dafür glaubhaft macht. Dem Gegenüber – Staat, Arbeitgeber u.a. – obliegt es dann, das Nichtvorliegen einer Diskriminierung bzw. ggf. diese objektiv rechtfertigenden Gründe darzutun.[102]

Da zwar im deutschen Arbeitsrecht, nicht aber – oder jedenfalls kaum – im deutschen Verfassungsrecht die Rechtsprobleme der mittelbaren Diskriminierung diskutiert werden,[103] stellt sich hier die Frage nach der *„Koordinierung der Rechtsdogmatik beim Gebot der Gleichberechtigung von Männern und Frauen zwischen Europäischem Gemeinschaftsrecht und innerstaatlichem Verfassungsrecht*".[104]

Die Differenzen zwischen Wahrnehmung und Behandlung der Problematik der mittelbaren Diskriminierung im EG-Recht einerseits und im deutschen Verfassungsrecht andererseits sind wohl nicht zuletzt darauf zurückzuführen, daß der Begriff der „mittelbaren Diskriminierung" aus dem angelsächsischen Rechtskreis stammt und von dort in das Gemeinschaftsrecht übernommen worden ist.[105] Die von dort in das Europäische Gemeinschaftsrecht übernommene Rechtsfigur weist deshalb Elemente auf, die dem deutschen Verfassungsrecht fremd sind. *Eine* Ursache von Friktionen zwischen Gemeinschaftsrecht und nationalem Recht ist deshalb darin begründet, daß beide Rechtsordnungen unterschiedlich strukturiert und nicht immer konsistent sind.[106] Von daher ist der Ruf nach „Herstellung praktischer Konkordanz" zwischen deutschem Verfassungsrecht und Europäischem Gemeinschaftsrecht verständlich[107] (und zugleich die Bedeutung der Rechtsvergleichung als Methode und Instrument zur Erreichung dieses Ziels evident). Denn unter-

---

101 Vgl. EuGH, RS 109/88 (Danfoss), EuGHE 1989, 3199 (3226).

102 Vgl. EuGH, RS 171/88 (Rinner-Kühn), EuGHE 1989, 2743 (2761); RS C-229/89 (Kommission der EG ./. Königreich Belgien), EuGHE 1991, I-2205.

103 Vgl. zu diesem Befund *Bieback, K.-J.*, aaO (Fn. 95), S. 26.

104 Vgl. zu dieser Problematik *Ebsen, I.*, Zur Koordinierung der Rechtsdogmatik beim Gebot der Gleichberechtigung von Männern und Frauen zwischen Europäischem Gemeinschaftsrecht und innerstaatlichem Verfassungsrecht, in: Recht der Arbeit (RdA) 1993, S. 11 ff.

105 Vgl. dazu beispielsweise *Martiny, D.*, Gleichberechtigung im Arbeitsleben in Großbritannien. Eine rechtsvergleichende Betrachtung der neueren Gesetzgebung, in: RabelsZ für ausländisches und internationales Privatrecht (RabelsZ) 42 (1978), S. 116 ff.; *Seeland, R.*, Das Gleichberechtigungssystem in den USA und in den Mitgliedstaaten der EG unter besonderer Berücksichtigung des Verhältnisses von Männern und Frauen im Arbeitsleben, in: Zeitschrift für Vergleichende Rechtswissenschaft (ZvglRwiss) 81 (1982), S. 286 ff.; *Bungert, H.*, Gleichberechtigung von Mann und Frau im amerikanischen und deutschen Verfassungsrecht, in: Zeitschrift für Vergleichende Rechtswissenschaft (ZvglRWiss) 89 (1990), S. 441 ff.

106 Vgl. dazu *Ebsen, I.*, aaO (Fn. 104), S. 12.

107 So unter Bezugnahme auf das entsprechende Postulat für das nationale Verfassungsrecht von *Konrad Hesse* jüngst *Schwarze, J.*, Grundrechte der Person im Europäischen Gemeinschaftsrecht, in: Neue Justiz (NJ) 48 (1994), S. 53 ff., 59.

schiedliche Ergebnisse, zu denen die gemeinschaftliche und die nationale Judikative gelangen, führen zu Konflikten.

So hat beispielsweise das Bundesverfassungsgericht im Zusammenhang mit der unterschiedlichen Altersgrenze für Männer und Frauen (die es – im Unterschied zu den italienischen und österreichischen Verfassungsgerichten – seinerzeit ohne überzeugende Begründung als verfassungsmäßig gebilligt hat) kompensierende Ungleichbehandlungen i.S. einer „positiven Diskriminierung" hingenommen,[108] während der Gerichtshof in seinem Urteil in der *Rechtssache Barber*[109] in einer Bevorzugung von Frauen bei der Gewährung betrieblicher Altersrenten aufgrund einer vorgezogenen Altersgrenze eine unzulässige Diskriminierung männlicher Arbeitnehmer gesehen hat.[110]

2. *Grundsatz der Verhältnismäßigkeit*

In seinem „opus magnum" über „Europäisches Verwaltungsrecht und Entstehung und Entwicklung im Rahmen der Europäischen Gemeinschaft" kommt *Jürgen Schwarze* zu folgendem résumé:

> „Die Europäische Gemeinschaft kann heute mit Recht das Prädikat (auch) einer Verwaltungsrechtsgemeinschaft für sich beanspruchen. Auf der Basis der Rechtsvergleichung hat sich im Rahmen der EG inzwischen eine Wechselwirkung nicht nur in dem Sinne entwickelt, daß nationale Verwaltungsrechtsgrundsätze als Erkenntnisquelle für das sich neu bildende europäische Verwaltungsrecht dienen. Vielmehr wirkt das Gemeinschaftsrecht mittlerweile auch wiederum auf die staatlichen Rechtsordnungen zurück und trägt als Medium und Katalysator jedenfalls in ersten Ansätzen auch zu einer Annäherung und Angleichung der Verwaltungsrechte in Europa bei".[111]

---

108 BVerfGE 74, 163.

109 EuGHE 1990, I-1889.

110 Vgl. zu diesen unterschiedlichen Rechtsauffassungen *Ebsen*, aaO (Fn. 104), S. 12, der unter Hinweis auf die Entscheidung des österreichischen Verfassungsgerichtshofes zu derselben Problematik – VerfGH, Urt. v. 6. 12. 1990, EuGRZ 1991, 484 –, zu Recht meint, daß „der Gedanke der kompensatorischen Ungleichbehandlung in der Rentenaltersentscheidung des Bundesverfassungsgerichts wohl tatsächlich überzogen worden sein" dürfte, da Art. 3 Abs. 2 GG in Anwendung des Arguments der grundrechtsimmanenten Schranken dem Diskriminierungsverbot des Art. 3 Abs. 3 GG nur insoweit entgegengehalten werden könne, als es um die Förderung faktischer Gleichberechtigung gehe, es aber nicht ersichtlich sei, inwiefern die Privilegierung von Frauen bei der Rentenaltersgrenze zur Erreichung dieses Ziels beitragen könne. Dementsprechend habe der österreichische Verfassungsgerichtshof in der Privilegierung langjährig versicherter Frauen durch niedrigere Pensionsaltersgrenzen auch einen Verstoß gegen den Gleichheitssatz erblickt, da nicht ersichtlich sei, inwiefern ein unterschiedliches Pensionsalter geeignet sei, zum Abbau unterschiedlicher gesellschaftlicher Rollen von Männern und Frauen beizutragen, und sich eine pauschale Privilegierung langjährig versicherter Frauen zudem auch nicht mit einer typischen Doppelbelastung durch Familie und Beruf rechtfertigen lasse, da diese gerade bei langjährig Versicherten häufig nicht vorliege.

So ist beispielsweise der *Grundsatz der Verhältnismäßigkeit*, der sowohl in Rechtsprechung als auch in Rechtslehre in Deutschland seine deutlichste Ausprägung erfahren hatte, vom Europäischen Gerichtshof konkretisiert worden, hat dann wiederum auf die anderen Mitgliedstaaten ausgestrahlt *„und durchläuft bei ihnen eine glänzende Karriere"*.[112] So hat der Gerichtshof entschieden, daß die Arbeitsverwaltung im Zusammenhang mit der Entscheidung der Frage, ob ein arbeitsloser Wanderarbeitnehmer, der in seinem Beschäftigungsstaat Leistungen bei Arbeitslosigkeit bezieht und sich dann in einen anderen Mitgliedstaat begibt, gemäß Art. 69 Abs. 2 S. 2 VO (EWG) Nr. 1408/71 eine Verlängerung der Regelfrist von drei Monaten für die Weitergewährung von Leistungen bei Arbeitslosigkeit verlangen kann, insonderheit auch den Grundsatz der Verhältnismäßigkeit zu beachten.[113]

Das Beispiel zeigt, daß die – praktische wie wissenschaftliche – Befassung mit dem Europäischen Recht nicht allein dazu nötigt, sich mit dieser Rechtsmaterie in ihrer Eigenständigkeit und mit ihren Besonderheiten auseinanderzusetzen, sondern auch die Auseinandersetzung mit anderen Rechtsordnungen abverlangt, da diese das Gemeinschaftsrecht beeinflussen, ihrerseits von diesem beeinflußt werden, und sich schließlich auch untereinander beeinflussen.[114] Dies gilt auch für das Sozialrecht.

VIII. „Multifunktionalität" des Europäischen Gerichtshofs: die verfassungsgerichtliche Dimension

Der Europäische Gerichtshof unterscheidet sich nicht nur von seiner Konzeption her deutlich von anderen internationalen Gerichten, so daß der klassische Prozeß der Rechtsfindung im Völkerrecht auf ihn nicht anzuwenden ist, sondern er ist insofern eine „polyvalente Gerichtsbarkeit",[115] als er – partiell entlastet durch das Gericht erster Instanz – eine Fülle unterschiedlicher Funktionen ausübt, die von nationalen Gerichten so nicht wahrgenommen werden. Zugleich ist er aber auch „Universalgericht" in dem Sinne, daß er seine Aufgabe aus Art. 164 EGV in allen

---

[111] So *Schwarze, J.*, Europäisches Verwaltungsrecht. Entstehung und Entwicklung im Rahmen der Europäischen Gemeinschaft, Baden-Baden 1988, Bd. 2, S. 1409.

[112] So *Großfeld, B.*, JuS 1993, 710 ff. (Fn. 20), S. 711 (unter Berufung auf *Koopmans, T.*, in: American Journal of Comparative Law *(Am. J. Comp. L.)* 39 (1991), S. 493 ff., 501).

[113] EuGH, verb. RS 41/79, 121/79 u. 796/79 (Testa u.a.), EuGHE 1980, 1479 (Vorlagen des Bayerischen LSG, des BSG sowie des LSG Hessen); dazu *Schwarze, J.*, Europäisches Verwaltungsrecht (Fn. 111), Bd. 2, S. 802 ff.

[114] Vgl. zu diesen wechselseitigen Einflußnahmen aus dem Blickwinkel des englischen Rechts – auch unter Bezugnahme auf das Beispiel des Verhältnismäßigkeitsprinzips – *Wyatt, P.*, European Community Law and Public Law in the United Kingdom, in: Markesimis, B. (Hg.), The Gradual Convergence. Foreign Ideas, Foreign Influences, and English Law on the Eve of the 21st Century, Oxford 1994, S. 188 ff.

[115] Vgl. zu dieser Charakterisierung des EuGH *Rodriguez Iglesias, G.*, Der Gerichtshof der Europäischen Gemeinschaften als Verfassungsgericht, in: Europarecht (EuR) 27 (1992), S. 225 ff.

Funktionen wahrnimmt, die in den Mitgliedstaaten von Gerichten verschiedener Gerichtsbarkeiten wahrgenommen werden. Innerhalb diese vielfältigen Funktionen ist der Gerichtshof auch als Sozialgericht tätig, welches z. B. über die Auslegung des EG-Kollisionsrechts – nach Maßgabe der Artt. 13–17 VO (EWG) Nr. 1408/71 – entscheidet.[116]

In jüngster Zeit ist auch die *verfassungsgerichtliche* Funktion dieses „Multifunktionsgerichts" deutlicher hervorgetreten. So hat der Gerichtshof bereits im Jahre 1979 auf *„die in den allgemeinen Grundsätzen der Gemeinschaftsrechtsordnung, deren Wahrung der Gerichtshof zu sichern hat, enthaltenen Grundrechte der Person"* hingewiesen.[117] Während der Gerichtshof ursprünglich – in den 50er und zu Beginn der 60er Jahre – einen Grundrechtsschutz noch versagt hatte,[118] hat er bereits durch seine grundlegenden Entscheidungen zum Vorrang und zur unmittelbaren Anwendbarkeit des Gemeinschaftsrechts die entscheidenden Grundlagen für das Verhältnis von Gemeinschaftsrecht und nationalem Recht sowie dafür gelegt, daß sich die Bürger der Mitgliedstaaten (die seit Inkrafttreten des Vertrages über die Europäische Union ja auch „Unionsbürger" sind), unmittelbar auf das Gemeinschaftsrecht berufen können. Diese vom EG-Vertrag verbrieften Grundfreiheiten des Gemeinsamen Marktes, auf die sich der einzelne berufen kann, weisen *„Züge grundrechtsähnlicher Verbürgungen"*[119] auf. Aus diesem Grunde hat die Diskussion über den Grundrechtsschutz in der Gemeinschaft auch die *Grundfreiheiten* einbezogen. Grundrechtsähnlichen Charakter hat gleichfalls das in der Gemeinschaftsrechtsordnung entfaltete Diskriminierungsverbot in seinen unterschiedlichen Ausprägungen als allgemeines Verbot der Diskriminierung aufgrund der Staatsangehörigkeit (Art. 6 EGV), als spezielles Diskriminierungsverbot im Rahmen der Grundfreiheiten – z. B. in Art. 48 Abs. 2 EGV –, sowie als besonders geregeltes Verbot der Diskriminierung aufgrund des Geschlechts im Erwerbsleben (Art. 119 EGV); diese Diskriminierungsverbote sind zugleich spezifischer Ausdruck des *allgemeinen Gleichheitssatzes*, der nach der Judikatur des Gerichtshofs zu den Grundprinzipien des Gemeinschaftsrechts gehört und verbietet, daß ver-

---

116 Vgl. *Everling, U.*, Zur Funktion des Gerichtshofs der EG als Verwaltungsgericht, in: Rechtsstaat zwischen Sozialgestaltung und Rechtsschutz. Festschrift für Konrad Redeker zum 70. Geburtstag, München 1993, S. 293 ff., 294.

117 Vgl. EuGH, RS 29/69 (Stauder), EuGHE 1969, 419, Rdnr. 7 (betr.: Recht auf Eigentum und Berufsfreiheit im Zusammenhang mit einer auf die Artt. 28 und 35 VO (EWG) Nr. 804/68 des Rates über eine gemeinsame Marktorganisation für Milch und Milcherzeugnisse gestützten Entscheidung der EG-Kommission, durch welche die Mitgliedstaaten ermächtigt wurden, bestimmten Sozialhilfe beziehenden Verbrauchergruppen verbilligte Butter zur Verfügung zu stellen).

118 Vgl. EuGH, RS 1/58 (Stork), EuGHE 1959, 43; verb. RS 36-40/59 (Ruhrkohle Verkaufsgesellschaft), EuGHE 1960, 885; RS 40/64 (Sgarlata), EuGHE 1965, 295.

119 So z. B. *Lenz, C.*, Der europäische Grundrechtsstandard in der Rechtsprechung des Europäischen Gerichtshofes, in: Europäische GRUNDRECHTE-Zeitschrift (EuGRZ) 20 (1993), S. 585 ff.; umfassend *Rengeling, H.-W.*, Grundrechtsschutz in der Europäischen Gemeinschaft. Bestandsaufnahme und Analyse der Rechtsprechung des Europäischen Gerichtshofes zum Schutz der Grundrechte als allgemeine Rechtsgrundsätze, München 1993.

gleichbare Sachverhalte unterschiedlich behandelt werden, es sei denn, daß eine Differenzierung objektiv gerechtfertigt ist.

Als Quellen zur Konkretisierung des gemeinschaftsrechtlichen Grundrechtsschutzes nennt der Europäische Gerichtshof (i) gleichsam als gemeinschaftsrechtsinterne Quelle die Grundsätze des Gemeinschaftsrechts, (ii) die gemeinsamen Verfassungsüberlieferungen der Mitgliedstaaten (wozu nicht nur allenthalben verbürgte Grundrechte, sondern auch Grundprinzipien und grundrechtsrelevante Standards gehören, die auch – z. B. im Vereinigten Königreich – „ungeschrieben" sein können), (iii) die internationalen Verträge über den Schutz der Menschenrechte, an deren Abschluß die Mitgliedstaaten beteiligt waren oder denen sie beigetreten sind, die Ausdruck eines übereinstimmenden Willens der Mitgliedstaaten sein können, sowie (iv) das „soft law" zum Grundrechtsschutz, beispielsweise die Erklärung der Gemeinschaftsorgane zu Grundrechten und Demokratie.[120] Besonders bedeutsam ist in diesem Zusammenhang angesichts der zunehmenden und ausgreifenden Aktivitäten der Gemeinschaft im sozialen Bereich der Hinweis auf das „soft law" als Rechtsquelle.[121] So mögen sich die Bürger der Mitgliedstaaten beispielsweise auf die „Erklärung der Grundrechte und Grundfreiheiten" berufen, die das Europäische Parlament am 12. April 1989 verabschiedet hat,[122] und der Gerichtshof mag den in diesem Dokument als Minimalkonsens über bereits als geltendes Recht formulierten Rechtsgarantien Geltung verschaffen. Sowohl diese Erklärung als auch etwa die vorstehend bereits erwähnte *Gemeinschaftscharta der sozialen Grundrechte der Arbeitnehmer* sind zwar rechtlich unverbindlich und wirken gleichsam nur als „programmatische Wegweiser", vermögen aber möglicherweise dadurch rechtliche Bedeutung zu gewinnen, daß sie von den Gerichten der Mitgliedstaaten zur Auslegung und Rechtsfortbildung herangezogen werden (wobei dies allerdings für die Gemeinschaftscharta solange zweifelhaft ist, als sich ein Mitgliedstaat – das Vereinigte Königreich – ihr noch nicht angeschlossen hat).[123]

Soziale Grundrechte – und hier zeigen sich deutliche Parallelen zu den Verfassungen der Mitgliedstaaten – haben in der Gemeinschaftsrechtsordnung keine systematische Ausformung erhalten, mit der Folge, daß ihre Schutzwirkung nur als

---

120 EuGH, RS 44/79 (Hauer), EuGHE 1979, 3627, Rdnr. 15.

121 Vgl. dazu *Wellens, K./Borchardt, G.*, Soft Law in European Community Law, in: Common Market Law Review (C.M.L.Rev.) 1989, S. 367 ff.; *Bothe, M.*, „Soft Law" in den Europäischen Gemeinschaften, in: Festschrift für Hans-Jürgen Schlochauer, 1981, S. 761 ff.; zum sozialrechtlichen „soft law" *Schulte, B.*, Europäisches Sozialrecht. Juristische Einführung und Überblick, in: Deutscher Sozialrechtsverband e.V. (Hg.), aaO (Fn. 21), S. 7 ff., 38.

122 Abgedr. in: Europäische GRUNDRECHTE-Zeitschrift (EuGRZ) 16 (1989), 204 ff.; dazu *Beutler, B.*, Die Erklärung des Europäischen Parlaments über Grundrechte und Grundfreiheiten vom 12. April 1989, in: Europäische GRUNDRECHTE-Zeitschrift (EuGRZ) 16 (1989), S. 185 ff.

123 Vgl. dazu *Zuleeg, M.*, Die Europäische Gemeinschaft auf dem Weg zur Sozialgemeinschaft, in: Zeitschrift für Sozialhilfe und Sozialgesetzbuch (ZfSH/SGB) 29 (1990), S. 561 ff., 569; *ders.*, Der Schutz sozialer Rechte in der Rechtsordnung der Europäischen Gemeinschaften, in: Europäische GRUNDRECHTE-Zeitschrift 19 (1992), S. 329 ff., 330 f.

„diffus“ bezeichnet werden kann. Der Grund dafür liegt unter anderem darin, daß soziale Grundrechte überhaupt – insbesondere soweit es sich um soziale Leistungsrechte handelt – wegen ihres Angewiesenseins auf ein „ökonomisches Substrat“ in ihrer Wirkungsmacht hinter den klassischen Freiheitsrechten deutlich zurückbleiben.[124] Darüber hinaus sind wirtschaftliche, kulturelle und soziale Rechte nicht in demselben Ausmaß Bestandteil eines breiten Konsenses sowohl in den Mitgliedstaaten als auch auf Gemeinschaftsebene, wie dies bei den „klassischen“ liberalen und politischen Grundrechten der Fall ist, sondern es spiegeln sich die unterschiedlichen Auffassungen über Wohlfahrtsstaatlichkeit und Sozialpolitik hier auf rechtlicher Ebene wider. Deshalb dürfte die Wirkung sozialer Grundrechte auf Gemeinschaftsebene im wesentlichen auf die Rolle der Auslegungshilfe, des Anstoßes zur Rechtsfortbildung, und des Maßstabes für eine Ermessensbindung beschränkt bleiben. Immerhin drängen die Anzeichen einer sozialen Verantwortung der Gemeinschaft, die der Gerichtshof in den Gründungsverträgen – z. B. in Art. 119 EGV – gefunden hat, die Parallele zum Sozialstaatsprinzip auf[125] und nicht die unwesentlichste Bedeutung des in der Europäischen Union vom Europäischen Gerichtshof geschaffenen „ungeschriebenen“ Grundrechtsschutzes liegt in dem Anteil, den er an dem Bemühen hat, Rechtspraxis und Rechtswissenschaft zu „europäisieren“[126] – hier konkret im Hinblick auf ein „gemeineuropäisches Verfassungsdenken“.[127]

IX. Zukunft der Sozialpolitik der Europäischen Union

1. Rechtliche Vorgaben des Vertrags über die Europäische Union und des neu gefaßten EG-Vertrages

Der *Vertrag über die Europäische Union*, der am 1. November 1993 in Kraft getreten ist, stellt *„eine neue Stufe bei der Verwirklichung einer immer engeren Union der Völker Europas“* dar, *„in der die Entscheidungen möglichst bürgernah getroffen werden“* (Art. A EUV). Die Europäische Union verfügt über das durch den Unionsvertrag weiterentwickelte institutionelle System der Europäischen Gemeinschaften (Art. C EUV): Europäischer Rat (Staats- und Regierungschefs der Mitgliedstaaten sowie Präsident der Kommission), Parlament, Rat, Kommission und

124 Vgl. z. B. *Merten, D.*, Entwicklungsperspektiven der sozialen Dimension in der EG: Funktionen sozialer Grundrechte, in: Merten, D. / Pitschas, R. (Hg.), Der Europäische Sozialstaat und seine Institutionen, Berlin 1993, S. 63 ff., 73.

125 So zu Recht *Zuleeg, M.*, Die Rechtsprechung des Europäischen Gerichtshofs zum Europarecht im Lichte des Grundgesetzes und seiner Dogmatik, in: Battis, U. (Hg.), Das Grundgesetz im internationalen Wirkungszusammenhang der Verfassungen – 40 Jahre Grundgesetz, Berlin 1990, S. 227 ff., 243.

126 So zu Recht *Schwarze, J.*, Probleme des europäischen Grundrechtsschutzes, in: Everling, U. u. a. (Hg.), Europarecht, Kartellrecht, Wirtschaftsrecht. Festschrift für Arved Deringer, Baden-Baden 1993, S. 160 ff., 172.

127 Vgl. dazu *Häberle, P.*, Gemeineuropäisches Verfassungsdenken, in: Europäische GRUNDRECHTE-Zeitschrift (EuGRZ) 1991, S. 261 ff.

Gerichtshof. Bei der Wahrnehmung ihrer Aufgaben ist die Europäische Gemeinschaft an das *Subsidaritätsprinzip* gebunden, welches in Art. 3 b EGV nunmehr ausdrücklich verankert ist:

„Die Gemeinschaft wird innerhalb der Grenzen der ihr in diesem Vertrag zugewiesenen Befugnisse und gesetzten Ziele tätig. In den Bereichen, die nicht in ihre ausschließlichen Zuständigkeit fallen, wird die Gemeinschaft nach dem Subsidaritätsprinzip nur tätig, sofern und soweit die Ziele der in Betracht gezogenen Maßnahmen auf Ebene der Mitgliedstaaten nicht ausreichend erreicht werden können und daher wegen ihres Umfangs oder ihrer Wirkungen besser auf Gemeinschaftsebene erreicht werden können. Die Maßnahmen der Gemeinschaft gehen nicht über das für die Erreichung der Ziele dieses Vertrags erforderliche Maß hinaus."

Sowohl das *Prinzip der begrenzten Einzelermächtigung*, wie es in der Formulierung „nach Maßgabe dieses Vertrages" in verschiedenen Vorschriften des primären Gemeinschaftsrechts Ausdruck gefunden hat, als auch das *Subsidaritätsprinzip* setzen der Integration Grenzen. Darüber hinaus ist nunmehr ausdrücklich auch ein Gebot, die *nationale Identität der Mitgliedstaaten* zu achten, im Unionsvertrag verankert (Art. F Abs. 1 EUV).

Staatsangehörige der Mitgliedstaaten besitzen die sog. *Unionsbürgerschaft* (Art. B EUV), welche gleichsam die Rechte und Pflichten bündelt, die sich für die Gemeinschaftsbürger aus der Gemeinschaftsrechtsordnung ergeben.[128] Unionsbürger genießen Freizügigkeit im gesamten Unionsgebiet (Art. 8 a EGV).

Im neu gefaßten Art. 2 EGV werden die Errichtung eines gemeinsamen Marktes und einer Wirtschafts- und Währungsunion zu Aufgaben der Gemeinschaft erklärt, und es wird der Gemeinschaft zugleich aufgegeben, ein beständiges, nichtinflationäres und umweltverträgliches Wachstum, einen hohen Grad an Konvergenz der Wirtschaftsleistungen, ein hohes Beschäftigungsniveau, ein hohes Maß an sozialem Schutz, die Hebung der Lebenshaltung und der Lebensqualität, den wirtschaftlichen und sozialen Zusammenhalt und die Solidarität zwischen den Mitgliedstaaten zu fördern. Die Stärkung des *wirtschaftlichen und sozialen Zusammenhalts* (Art. 3 j EGV), die *Umweltpolitik* (Art. 3 k EGV), die *Gesundheitsförderung* (Art. 3 o EGV), *Berufsbildung und Kultur* (Art. 3 p EGV) sowie der *Verbraucherschutz* (Art. 3 s EGV) werden als Tätigkeitsbereiche der Gemeinschaft ausdrücklich genannt. Zugleich sind entsprechende neue Gemeinschaftszuständigkeiten begründet worden.

Die *Sozialpolitik* als solche hat im Unionsvertrag keine Verankerung gefunden, da diesbezüglich wegen Vorbehalten des Vereinigten Königreichs Einvernehmen unter den Mitgliedstaaten nicht zu erreichen war. Allerdings haben sich elf Mitgliedstaaten (mit Ausnahme des Vereinigten Königreichs, aber mit dessen Billigung) auf eine gemeinsame Sozialpolitik geeinigt.

---

128 Vgl. zu den Rechten und Pflichten der Gemeinschaftsbürger de lege lata beispielsweise *Lenz, C./Erhard, R.*, Das Gemeinschaftsrecht – System, Entstehung, Anwendung, in: Lenz, C. (Hg.), EG-Handbuch Recht im Binnenmarkt, 2. Aufl., Herne 1994, S. 51 ff.

In der Präambel des in Maastricht verabschiedeten *Protokolls über die Sozialpolitik*[129] stellen die zwölf Mitgliedstaaten fest, das elf von ihnen auf dem Weg, der durch die (rechtlich unverbindliche) Gemeinschaftscharta der sozialen Grundrechte der Arbeitnehmer von 1989 vorgezeichnet ist, weitergehen wollen und zu diesem Zweck untereinander ein Abkommen abgeschlossen haben. Dieses Abkommen läßt die sozialpolitischen Vorschriften des EG-Vertrages als gemeinschaftlichen Besitzstand der Zwölf unberührt. Der für die „Zwölf" geltende EG-Vertrag ist somit im Bereich der Sozialpolitik nicht geändert worden ist. Allerdings ist das *Protokoll über die Sozialpolitik* Bestandteil des Vertrages über die Europäische Union und hat am Ratifikationsverfahren teilgenommen. Entsprechendes gilt für das dem Protokoll beigefügte *Abkommen über die Sozialpolitik.*[130] Sowohl Protokoll als auch Abkommen sind deshalb Gemeinschaftsrecht. Das Protokoll ermächtigt die elf Mitgliedstaaten, die Organe, Verfahren und Mechanismen des EG-Vertrages in Anspruch zu nehmen, um die erforderlichen Rechtsakte und Beschlüsse zur Umsetzung des Abkommens untereinander anzunehmen und anzuwenden (Ziff. 1). Organe, Verfahren und Mechanismen des EG-Vertrages stehen somit zur Verfügung, um die Beschlüsse, die künftig ggf. auf der Grundlage des Abkommens gefaßt werden, umzusetzen. Dies bedeutet zugleich, daß im Bereich des Abkommens nicht die elf Mitgliedstaaten handeln, sondern die Gemeinschaft selbst durch ihre Organe Kommission, Rat und Parlament.

Allerdings beteiligt sich das Vereinigte Königreich weder an den Beratungen noch an den Abstimmungen im Rat in bezug auf Fragen, die das *Abkommen über die Sozialpolitik* betreffen, so daß im Rat mit qualifizierter Mehrheit bei Abstimmungen eine Ratsentscheidung bereits mit einer Mindeststimmenzahl von 44 (statt 54) Stimmen zustande kommt und bei einstimmigen Entscheidungen die 11 Mitgliedstaaten zustimmen müssen. Rechtsakte, die auf der Grundlage des Abkommens zustande kommen, gelten nicht im Vereinigten Königreich.

Das *Abkommen über die Sozialpolitik* sieht Maßnahmen der Gemeinschaft und der Mitgliedstaaten vor (Art. 1 Abk.). Allerdings ist die Gemeinschaft darauf beschränkt, die Tätigkeiten der Mitgliedstaaten zu *unterstützen* oder zu *ergänzen* (Art. 2 Abk.), so daß auch fürderhin in erster Linie die Mitgliedstaaten für die Sozialpolitik verantwortlich sind. Über den geltenden Art. 118 a EGV hinaus ist der Katalog von Bereichen, über die *mit qualifizierter Mehrheit* und *im Zusammenarbeitsverfahren mit dem Europäischen Parlament* gemäß Art. 189 c EGV entschieden werden kann, im Abkommen um folgende Bereiche erweitert worden:

Verbesserung insbesondere der Arbeitsumwelt zum Schutz der Gesundheit und der Sicherheit der Arbeitnehmer; Arbeitsbedingungen; Unterrichtung und Anhörung der Arbeitnehmer; Chancengleichheit von Männern und Frauen auf dem Arbeitsmarkt und Gleichbehandlung am Arbeitsplatz; berufliche Eingliederung der

129 Vgl. BT-Drucks. 12/1086, S. 16.

130 Protokoll und Abkommen sind abgedruckt u.a. in: Schulte, B. (Hg.), Soziale Sicherheit in der EG, 2. Aufl., München 1993 (3. Aufl. *1995 i. Vorb.).*

aus dem Arbeitsmarkt ausgegrenzten Personen, unbeschadet des Art. 127 EVG (Art. 2 Abs. 1 Abk.).

Hingegen beschließt der Rat nach Anhörung des Europäischen Parlaments und des Wirtschafts- und Sozialausschusses auch im Rahmen des Abkommens einstimmig auf folgenden Gebieten:

Soziale Sicherheit und sozialer Schutz der Arbeitnehmer; Schutz der Arbeitnehmer bei Beendigung des Arbeitsvertrages; Vertretung und kollektive Wahrnehmung der Arbeitnehmer- und Arbeitgeberinteressen, einschließlich der Mitbestimmung; Beschäftigungsbedingungen der Staatsangehörigen aus Drittstaaten, die sich rechtmäßig im Gebiet der Gemeinschaft aufhalten; finanzielle Beiträge zur Förderung der Beschäftigung und zur Schaffung von Arbeitsplätzen. (Der Begriff „Sozialer Schutz" schließt in diesem Zusammenhang die soziale Sicherung im weitesten Sinne, insbesondere etwa unter Einschluß der Sozialhilfe ein.)

Alle diese Maßnahmen sind als Richtlinien, die nur Mindestvorschriften festlegen können, zu verabschieden. Die Mitgliedstaaten dürfen zugleich strengere Maßnahmen beibehalten oder einführen, und zwar auch in den Bereichen, in denen das Einstimmigkeitsprinzip herrscht.

Keine Zuständigkeiten begründet das Abkommen für Regelungen über das Arbeitsentgelt, das Koalitionsrecht, das Streikrecht sowie das Aussperrungsrecht.

Sollte es wirklich zu Vereinbarungen der „Elf" auf der Grundlage des Abkommens kommen, so stellt sich das Problem des Nebeneinanders zweier gemeinschaft(srecht)licher Sozialpolitiken auch in rechtlicher Hinsicht.[131]

Im Ergebnis wird auch künftig weniger die staatliche *Souveränität*, d. h. die formelle Kompetenz der Mitgliedstaaten, selbständig über die Sozialpolitik zu entscheiden, vom Gemeinschaftsrecht eingeschränkt als vielmehr die staatliche *Autonomie*, also die *materielle* Fähigkeit, Sozialleistungen zu gewähren. Die Auswirkungen der geplanten Europäischen Wirtschafts- und Währungsunion sind dafür der aktuellste Beleg.

---

131 Vgl. zu den sich diesbezüglich stellenden Problemen etwa *Schulz, O.*, Auf dem Weg zur Sozialunion. Die Ergebnisse des Gipfels von Maastricht, in: Sozialer Fortschritt (SF) 41 (1992) S. 79 ff.; *ders.*, Grundsätze, Inhalte und institutionelle Verankerung im EWG-Vertrag – Überlegungen zur europäischen Sozialpolitik in der Zukunft –, in: Sozialer Fortschritt (SF) 40 (1991), S. 135 ff.; zu den schwierigen Rechtsfragen, die sich bei der Umsetzung des Abkommens ergeben können, vgl. insbes. *Schuster, G.*, Rechtsfragen der Maastrichter Vereinbarungen zur Sozialpolitik, in: Europäische Zeitschrift für Wirtschaftsrecht (EuZW), 1992, S. 178 ff. Allerdings wird wohl die „Auszehrung" des EWR durch den Beitritt dreier seiner ursprünglich nicht der EG angehörigen Mitglieder zur Union, der zur Folge hat, daß für sie – Finnland, Österreich, Schweden – das Gemeinschaftsrecht künftig nicht mehr lediglich via EWR-Abkommensrecht, sondern nur mittelbar gilt, dem EWR-Recht einiges von seiner praktischen Bedeutung nehmen. Mehr denn je erscheint der EWR als dem EU-Beitritt vorgelagerte Vorstufe der Assoziierung, während die EFTA gleichsam „implodiert".

2. Europäische Sozialpolitik unter dem Vorzeichen der Wirtschafts- und Währungsunion

Nicht allein die aufgrund des *Nebeneinanders von EG-Vertrag und Vereinbarung über die Sozialpolitik* drohende *„Spannungslage zwischen der in ihrer Integrationsgeschwindigkeit beschleunigten Sozialunion der Elf und einer sozialpolitisch auf dem status quo ausharrenden Gemeinschaft der zwölf Mitgliedstaaten"*, d. h. eines *„Europe sociale à deux vitesses"* stellt die Europäische Sozialpolitik und damit das „Soziale Europa" überhaupt vor eine Belastungsprobe,[132] sondern vielmehr tut dies auch der eingeschlagene Weg zur Wirtschafts- und Währungsunion als Kernstück der in Maastricht beschlossenen Vertiefung der Europäischen Integration. Die grundsätzliche Entscheidung für eine Wirtschafts- und Währungsunion ist sowohl von ökonomischer als auch von integrationspolitischer und insbesondere auch von sozialpsychologischer Bedeutung, werden doch die Mitgliedstaaten durch die Überführung ihrer nationalen und im besonderen Maße als Ausweis staatlicher Souveränität empfundener Währungen in sehr viel höherem Maße als bisher in eine supranationale Solidargemeinschaft eingebunden.

(Die Reaktionen auf diese Entscheidung – bis zu dem mittlerweile zum geflügelten Wort gewordenen polemischen Begriff „Esperanto-Geld" – sowie die gesamte Diskussion um „Maastricht" nicht nur, aber gerade auch in Deutschland haben gezeigt, daß sich auch weite Kreise der Bevölkerung in den Mitgliedstaaten der Bedeutung dieser Frage bewußt sind.)

Allerdings gibt es offenkundig durchaus sachliche Gründe dafür, diesen weiteren Schritt der Integration zu gehen, hat doch die Offenheit der nationalen Märkte

> *„dazu geführt, daß die finanz-, geld- und wirtschaftspolitischen Instrumente der Mitgliedstaaten in isolierter Anwendung zur Verfolgung von geld- und wirtschaftspolitischen Zielsetzungen nurmehr abgeschwächt zu greifen vermögen"*.[133]

Dies bedeutete zugleich, daß Gemeinschaft wie Mitgliedstaaten häufig von den geldpolitischen Entscheidungen eines einzigen Mitgliedstaats abhängig waren (und sind). Darüber hinaus sind die Transaktionskosten wegen des Fehlens einer gemeinsamen Währung in der Europäischen Union nach wie vor hoch.

Für die hier zu beantwortende Frage nach der Zukunft der Europäischen Union auf sozialpolitischem Gebiet kommt es weniger darauf an, ob überhaupt und wann die Wirtschafts- und Währungsunion Aussichten hat, Wirklichkeit zu werden, als vielmehr darauf, welche Auswirkungen das Bestreben der Mitgliedstaaten, die

---

132 Vgl. dazu etwa jüngst *Koenig, Ch.*, Die Europäische Sozialunion als Bewährungsprobe der supranationalen Gerichtsbarkeit, in: Europarecht (EuR) 29 (1994), S. 175 ff.

133 Vgl. so beispielsweise *Roth, W.-H.*, Der rechtliche Rahmen der Wirtschafts- und Währungsunion, in: Everling, U. (Hg.), Von der Europäischen Gemeinschaft zur Europäischen Union (Referate und Diskussionen des IX. Wissenschaftlichen Kolloquiums der Wissenschaftlichen Gesellschaft für Europarecht am 14./15. Oktober 1993 in Bonn), Europarecht. Beiheft 1/1994, Baden-Baden 1994, S. 45 ff., 46.

Wirtschafts- und Währungsunion zu verwirklichen, bereits heute sowie insbesondere künftig auf die Sozialpolitik – auf nationaler wie auf Gemeinschaftsebene – hat bzw. haben wird.

Am 1. Juli 1990 und damit bereits vor Ratifizierung des Vertrages über die Europäische Union hatte die erste Stufe der Währungsunion begonnen. Am 1. 1. 1994 ist die Union in die zweite Stufe eingetreten. Das Erreichen der dritten Stufe ist für den 1. 1. 1999 vorgesehen. Das Bemühen der Mitgliedstaaten, diese dritte Stufe zu erreichen, erfordert bereits heute eine spezifische, auch sozialpolitisch sich auswirkende Politik. So müssen sich die Mitgliedstaaten in der Haushaltspolitik darum bemühen, übermäßige öffentliche Defizite zu vermeiden (Art. 109 e Abs. 4 EGV). Maßstab dafür, ob ein Mitgliedstaat die „Konvergenz" erreicht hat, sind gemäß Art. 109 j Abs. 1 S. 2, Hs. 2 EGV folgende Kriterien:

- Erreichung eines hohen Grades an *Preisstabilität* ausweislich einer Inflationsrate, die derjenigen jener Mitgliedstaaten nahekommt, die auf dem Gebiet der Preisstabilität das beste Ergebnis erzielt haben;
- eine auf Dauer tragbare *öffentlichen Haushaltslage* ohne übermäßiges Defizit (i. S. d. Art. 104 c Abs. 6 EGV);
- Einhaltung der normalen Bandbreiten des *Wechselkursmechanismus* des Europäischen Währungssytems seit mindestens zwei Jahren ohne Abwertung gegenüber der Währung eines anderen Mitgliedstaats;
- *Dauerhaftigkeit* der von dem Mitgliedstaat erreichten Konvergenz und seiner Teilnahme am Wechselkursmechanismus des Europäischen Währungssystems ausweislich des Zinsniveaus.[134]

Für Staaten, die sich dem Europäischen Währungssystem anschließen wollen, haben die Konvergenzkriterien eine erhebliche Einschränkung ihres wirtschaftspolitischen Handlungsspielraums zur Folge. *Geldpolitisch* müssen sie die Stabilisierung des Preisniveaus anstreben und versuchen, eine möglichst niedrige Inflationsrate zu erreichen. *Fiskalpolitisch* ist eine verstärkte Ausgabendisziplin zu wahren, sind insbesondere zusätzliche Ausgaben i.d.R. auch aus zusätzlichen Einnahmen, d. h. Steuern, Beiträgen und Gebühren zu finanzieren und ist die Nettokreditaufnahme zu beschränken. Nun hat sich in der Vergangenheit aber bereits gezeigt, daß eine derartige Stabilitätspolitik mit einer Erhöhung der Arbeitslosigkeit einhergeht und höheres Wirtschaftswachstum häufig nur durch ein höheres Finanzierungsdefizit erreicht werden konnte. Vor diesem Hintergrund mag eine an den Konvergenzkriterien orientierte Sozialpolitik dazu führen, daß das insbesondere für eine erfolgreiche Sozialpolitik in der Vergangenheit erforderliche Wirtschaftswachstum

---

134 Zum rechtlichen Rahmen der Wirtschafts- und Währungsunion vgl. auch *Pipkorn, J.*, Der rechtliche Rahmen der Wirtschafts- und Währungsunion – Vorkehrungen für die Währungspolitik –, in: Everling, U. (Hg.), aaO (Fn. 134), S. 85 ff.; zu einem Überblick über die EG-vertraglichen Regelungen im Zusammenhang mit der Wirtschafts- und Währungsunion vgl. *Häde, U.*, Die Europäische Wirtschafts- und Währungsunion, in: Europäische Zeitschrift für Wirtschaftsrecht (EuZW) 1992, S. 171 ff.

und die Verringerung der Arbeitslosigkeit nicht in dem sozialpolitisch erwünschten Maße erreicht werden mit der Folge, daß der diesbezüglich bereits bestehende sozialpolitische Problemdruck fortbesteht, für eine aktive sozialpolitische Gestaltung die finanziellen Mittel fehlen, und die Finanzierung der Systeme der sozialen Sicherheit weiter erschwert wird.

Insbesondere von den südeuropäischen Ländern wird verlangt, daß die Union durch gezielten Einsatz finanzieller Mittel diesen Gefahren, die sich in einigen Mitgliedsstaaten bereits realisiert haben, entgegentritt. Der sog. *Kohäsionsfonds* könnte diesem Zweck dienen. Allerdings erscheint es gegenwärtig ausgeschlossen, daß dieser Fonds mit den notwendigen Mitteln ausgestattet wird, die erforderlich wären, um die befürchtete Dämpfung des Wirtschaftswachstums und die mangelnde Eindämmung der Arbeitslosigkeit (oder sogar einen erneuten Anstieg derselben) zu mindern.

Es wird gleichwohl zu den dringlichsten Zukunftsaufgaben der Union gehören, sich diesen neuen Herausforderungen für die Europäische Sozialpolitik zu stellen. Dabei ist festzustellen: Nicht die angestrebte Europäische Wirtschafts- und Währungsunion (WWU), welche grenzüberschreitende Transaktionen von Kursrisiken und Transaktionskosten befreien sowie freien Kapitalverkehr und feste Wechselkurse gewährleisten wird, ist gegenwärtig *caput controversum* in diesem Zusammenhang, sondern der Weg der „Konvergenz" dorthin.[135]

In einem Bericht des Ausschusses für soziale Angelegenheiten, Beschäftigung und Arbeitsumwelt des Europäischen Parlaments über die Auswirkungen des Prozesses der Errichtung der WWU auf die Währungspolitik[136] ist darauf hingewiesen worden, daß sich die unmittelbaren Auswirkungen des Konvergenzprozesses auf den „Sozialen Schutz" noch nicht generell absehen ließen, weil der Prozeß sich auf zweierlei Weise auswirken könne: Zum einen könne er durch Förderung der makro-ökonomischen Stabilität eine Wachstumszunahme und eine Verbesserung der Beschäftigungssituation ermöglichen und damit zusätzliche Mittel freisetzen, die je nach den einzelnen Umverteilungssystemen der Mitgliedstaaten dem sozialen Schutz zugute kommen oder zumindest den auf den nationalen Systemen des sozialen Schutzes lastenden Druck mindern könnten, zum anderen bestehe die Gefahr, daß der Weg dorthin Inflationsbekämpfungsmaßnahmen und vor allem eine Einschränkung der Staatsausgaben erforderlich mache, was in einer Periode der Rezension oder des nur langsamen Wirtschaftswachstums zu einem weiteren Anstieg der Arbeitslosigkeit, zu einer vermehrten sozialen Ausgrenzung und damit zu einer finanziellen Belastung für die Sozialleistungssysteme führen könne.

---

135 Vgl. die Referate und Diskussionen des Colloquiums Observatoire Social Européen, Monetary Union and Social Protection: Challenges for the Social Partners, Brüssel, den 6./7. Oktober 1994; vgl. insbes. *Miller, G.*, The Future of Social Security in Europe in the Context of Economic and Monetary Union. The Role of the Social Partners and EC Institutions (A Report for the EC Commission), Brüssel 1993.

136 Europäisches Parlament, Sitzungsdokument (DOC – DE/RR/247890 – PE 207.419) (Berichterstatterin: Frau Martine Buron), Straßburg 1994.

Zugleich wird allerdings auch darauf hingewiesen, daß alle diese zu erwartenden Entwicklungen in bezug auf Beschäftigung und sozialen Schutz nicht zwangsläufig auf die Wirtschafts- und Währungsunion zurückgeführt werden dürften: in einigen Ländern diene nämlich die Wirtschafts- und Währungsunion als Rechtfertigung dafür, sich einer aktiven Beschäftigungspolitik zu verschließen, sowie als Vorwand dafür, den sozialen Schutz in Frage zu stellen.

Vor diesem Hintergrund erscheint es notwendig, auch beim Prozeß der Errichtung der Wirtschafts- und Währungsunion die „soziale Dimension" der Union zu berücksichtigen, ähnlich wie dies im Zusammenhang mit der Errichtung des Binnenmarktes – allerdings gleichsam erst im Prozeß des „Nachbesserns" – erreicht worden ist. Es sei in diesem Zusammenhang daran erinnert, daß wirtschaftlicher und sozialer Fortschritt in der Vergangenheit in der Regel Hand in Hand gegangen sind. Die Förderung des „sozialen Dialogs" im weitesten Sinne unter Einbeziehung von Gewerkschaften, Arbeitgeberorganisationen, gemeinnützigen Vereinigungen usw. mag ein institutioneller Weg dahin sein, diese Einheit von Wirtschafts- und Sozialpolitik auch tatsächlich auf Europäischer Ebene zu etablieren und zugleich die Distanz zwischen dem *„Europa der Institutionen"* und dem *"Europa der Bürger"* wenn schon nicht zu beseitigen, so doch zu verringern.[137]

Auch die Diskussion um die Wirtschafts- und Währungsunion und die Vorbehalte in einigen Mitgliedstaaten gegen den Vertrag über die Europäische Union („Maastricht I"), kulminierend in dem dänsichen „Nein", zeigen, daß die *rechtliche* Integration auf Grenzen stößt, wenn sie nicht zugleich *rechtskulturelle Integration* ist – „Rechtskultur" verstanden als Inbegriff von Werten und Einstellungen zum Recht, Auslegung des Rechts, Verhalten gegenüber Normen von Recht, Kenntnis des Rechts seitens der Bürger, gesellschaftliche Ausformung und Stellung juristischer Professionen u.a.[138] Insofern, als Rechtskultur sowohl Ursache als auch Folge von Recht ist, erfordert eine erfolgreiche rechtliche Integration Europas auch eine Integration i.S. einer Rücksichtnahme auf und zugleich Annäherung der nationalen Rechtskulturen der Mitgliedstaaten. Diese Notwendigkeit stellt sich im Sozialrecht mit besonderer Eindringlichkeit angesichts des starken Gesellschafts- und Wirklichkeitsbezuges dieses Rechtsgebiets, welches in der Nähe von Sozialpo-

---

137 Zur Frage der Einbindung der Träger der sozialen Sicherheit als öffentlichrechtliche Körperschaften und damit Teil der mittelbaren Staatsverwaltung der Länder und Gemeinden, der frei-gemeinnützigen Verbände der Freien Wohlfahrtspflege und sonstiger Privater in europäische Entscheidungsprozesse i.w.S. vgl. *Schulte, B.*, Sozialstaat in Europa? Herausforderungen – Handlungsmöglichkeiten – Perspektiven, in: Nachrichtendienst des Deutschen Vereins für öffentliche und private Fürsorge (NDV) 1995 (*in Druck*); zur Aufgabe, die Distanz zwischen dem „Europa der Institutionen" und dem „Europa der Bürger" auszuloten und zu diskutieren aus soziologischer Sicht *Gephart, W.*, Auf dem Wege zu Europa. Rechtliche Institutionen und soziale Wirklichkeit, in: Schäfers, B. (Hg.), Lebensverhältnisse und soziale Konflikte im neuen Europa. Verhandlungen des 26. Deutschen Soziologentages in Düsseldorf 1992, Frankfurt/Main 1992, S. 55ff., 56.

138 Vgl. dazu *Gessner F.*, Wandel europäischer Rechtskulturen, in: Schäfers (Hg.), aaO (Fn. 137), S. 68ff.

litik und Sozialrecht als „zur Norm verfestigter Sozialpolitk" (*Bley*) ihren Niederschlag findet.

D. Zukunftsaufgaben der Sozialrechtswissenschaft

I. Rolle des Rechts in der Europäischen Integration

Der Frankfurter Rechtshistoriker *Michael Stolleis* hat unter Bezugnahme auf den polemischen Begriff des „Monstrums von Maastricht" (*Johannes Gross*) an *Samuel Pufendorfs* berühmtes Wort vom „monströsen Charakter" der Verfassung des Deutschen Reiches erinnert und darauf hingewiesen, daß die negative Beurteilung des Reiches in seiner Spätphase (1648–1806) von der Perspektive des 19. Jahrhunderts und vom Ideal des „geschlossenen Nationalstaats" geprägt gewesen sei. Heute sei zwar „*alles anders*" und der Vergleich des Reiches mit der Europäischen Gemeinschaft hinke, aber die Frage bleibe:

> „Wie kann mit friedlichen Mitteln eine Vielzahl sich überschneidender Gruppen auf einem Territorium so organisiert werden, daß einerseits die Willensbildungsprozesse möglichst breit angelegt sind und Minderheiten ihre Stimme vernehmbar machen können, daß aber andererseits diese Vielfalt dennoch in als legitim empfundenes und hinreichend effektives Handeln umgesetzt werden kann?"

Dies könne nicht in einer Organisationsform gelingen, welche auf die Erzeugung der herkömmlichen Staatsgewalt ziele, vielmehr gehe es um die Balance zwischen Großstruktur und entsprechender „*Gegenbalance durch kleinere Einheiten*" (*Peter Häberle*) sowie um das Minimum an Vereinheitlichung auf den Feldern von Wirtschaft und Währung, Sozialleistungen und Rechtswesen einerseits sowie um die Respektierung von Elementen mit regionaler, provinzlicher oder lokaler „Bodenhaftung" in Geschichte, Sprache und Kultur andererseits. Der Rechtshistoriker beschreibt dann die Rolle des Rechts als wichtiger und starker Klammer für das „lateinische Europa" und kommt zu dem Schluß,

> „daß die europäischen Gesellschaften durch den jahrhundertelangen Umgang mit Recht so geprägt sind, daß sie auch künftig eine Ordnung in ausgefeilten und hierarchisch geordneten Rechtsformen, mit Gewaltenteilung, Grundrechtsgarantien und gerichtlicher Kontrolle ausbilden werden. Sie werden dem Prinzip folgen, daß Aufgaben, die eine kleinere Einheit erledigen kann, dieser auch vorbehalten bleiben sollen. Sie werden versuchen müssen, die Idee der Volkssouveränität mit der Selbstbindung an eine verfassungsgerichtlich kontrollierte Verfassung in Einklang zu bringen. Schließlich können sie den aufgespeicherten Formenreichtum föderativer Gliederungen nutzen, um Lösungen für die vertrackte Frage zu finden, wie unterschiedlich starke und oft von bösen Erinnerungen geplagte Völker unter einem Verfassungsdach operieren können".[139]

---

[139] *Stolleis, M.*, Was wird aus Europa? Vom Monstrum lernen, in: Frankfurter Allgemeine Zeitung (FAZ) v. 24. August 1992.

Dieser historische Rückblick auf die Entwicklung *„von Bologna nach Brüssel" (Coing)*[140] als Metapher für die Entstehung Europäischen Rechts als neuen Ius Commune weist in der Tat erstaunliche Parallelen auf zu dem Befund, den die aktuelle Analyse der Aufgabe des Rechts auf Gemeinschaftsebene liefert, wenn auch zugleich natürlich sofort erhebliche Unterschiede zutage treten wie etwa das Fehlen sowohl des Lateins als gemeinsamer Sprache als auch eines „übergreifenden, zumindest ähnlichen Bildhintergrund".[141] Darüber hinaus deutet sich damit zugleich die höchst praxisnahe Rolle an, welche die rechtswissenschaftliche Forschung in diesem Zusammenhang auch spielen kann, wenn sie versucht, der Frage nachzugehen, wie das Recht diese vorstehend beschriebene Funktion im Europäischen Integrationsprozeß – zumal angesichts der Perspektive einer weiteren Erweiterung der Gemeinschaft auf 15 oder noch mehr Mitgliedstaaten – wahrnehmen kann. In diesem Zusammenhang ist darauf hinzuweisen, daß nicht nur das verbindliche primäre und sekundäre Gemeinschaftsrecht, sondern auch rechtlich unverbindliche Empfehlungen, die lediglich ein (rechts-)politisches „Sollen" vorgeben, sowie sonstige Verlautbarungen etc. der Gemeinschaftsorgane, die – wie etwa Mitteilungen (z. B. die oben erwähnte Mitteilung betreffend betriebliche Altersversorgungssysteme[142]) – lediglich bestimmte Möglichkeiten, m.a.W. ein „Können" aufzeigen, vielfach bereits Orientierungspunkte für die nationale Sozialpolitik (und damit für künftiges nationales Sozialrecht) der Mitgliedstaaten darstellen (die an dem Entstehen dieser Vorgaben i.d.R. zuvor auch auf Gemeinschaftsebene im Rahmen der Gemeinschaftsorgane mitgewirkt haben). Besonders deutlich zeigt sich diese Wirkung sozialpolitischer Gemeinschaftsaktivitäten heute auch in den Staaten Mittel- und Osteuropas, die Anschluß und Beitritt zur Europäischen Union suchen und deswegen bereits im Prozeß der Transformation ihrer Sozialschutzsysteme sich möglichst eng an die Vorgaben der Europäischen Union halten.

Vor diesem Hintergrund gewinnen nicht nur Auslandsrechtskunde und Rechtsvergleichung in zunehmendem Maße praktische Bedeutung – wie sich auch an dem Umfang zeigt, in dem diese beiden Rechtsdisziplinen innerhalb der Europäischen Union und nicht zuletzt auf Anregung der Gemeinschaftsinstitutionen betrieben werden –, sondern die wissenschaftliche Befassung mit *Rechtstheorie* – auch mit Sozialrechtstheorie – und mit der *rechtsvergleichenden Methode* – auch im Sozialrecht – muß in ausdrücklicher Bezugnahme auf das EG-Recht mehr denn je Aufgabe der Rechtswissenschaft und gerade eben auch der Sozialrechtswissenschaft sein.[143] Dabei gilt es in erster Linie, die – im Vergleich zu den nationalen Sozialrechtsordnungen der Mitgliedstaaten andersartige, auch aufgrund ihrer be-

---

140 Zit. nach *Häberle, P.*, Europäische Rechtskultur. Versuch einer Annäherung in zwölf Schritten, Baden-Baden 1994, S. 11.

141 So *Großfeld, B.*, aaO (Fn. 20) S. 712.

142 *Siehe oben C. II. und Fn. 42.*

143 Zur Europäischen Rechtstheorie hat beispielsweise in jüngster Zeit *Bengoetxea, J.*, The Legal Reasoning of the European Court of Justice – Towards a European Jurisprudence, Oxford 1993, einen wichtigen Beitrag geleistet.

schränkten Aufgaben- und Kompetenzzuweisung aus dem Blickwinkel national(staatlich)en Rechts „unvollständige" Gemeinschaftsrechtsordnung nicht (wie in der Vergangenheit allzu häufig geschehen) aus nationalstaatlichem Blickwinkel, sondern aus spezifisch gemeinschaftsrechtlicher Perspektive zu betrachten.

II. EG-Sozialrecht und Gemeinschaftssozialrecht

Das EG-Sozialrecht wird sich – wie das EG-Recht überhaupt – auch auf absehbare Zeit nicht als geschlossene, eigenständige supranationale Rechtsordnung darstellen, sondern vielmehr als eine Summe einzelner supranationaler Rechtsvorschriften, welche auf staatliches Recht bzw. auf staatliche Rechte – die Rechtsordnungen der Mitgliedstaaten – einwirken und das nationale Recht und zugleich den klassischen europäischen Nationalstaat *relativieren.* Dieser Prozeß ist ursprünglich unter ökonomischen Vorzeichen initiiert und durchgeführt worden, gewinnt aber mehr und mehr *politische* und auch *kulturelle*[144] Dimensionen, deren wachsendes Gewicht durch die vorstehend bereits angesprochene Skepsis in der Bevölkerung gegenüber dem „Projekt Europa" unterstrichen wird.[145] Das EG-Sozialrecht wird insofern auch künftig zum einen *Sozialrecht beschränken* sowie zum anderen – allerdings bislang nur in vergleichweise geringem Umfang, insbesondere in Zusammenhang mit der Gleichbehandlung von Männern und Frauen – *Sozialrecht erzeugen.* Die beiden genannten Wirkungsweisen des EG-Sozialrechts zeigen zugleich, daß dieses supranationale Sozialrecht auf das nationale Sozialrecht angewiesen ist, es voraussetzt. Umgekehrt muß sich das nationale Sozialrecht dem vorrangigen supranationalen Sozialrecht anpassen, wird es durch dieses relativiert. EG-Sozialrecht und nationales Sozialrecht bedingen folglich einander und sind aufeinander angewiesen.

EG-Sozialrecht bezeichnet dabei die Summe der gemeinschaftsrechtlichen Vorschriften, die dem Sozialrecht (nach deutschem Begriffsverständnis und nach deutscher Systematik) zuzuordnen sind, d. h. insbesondere die Vorschriften des koordinierenden EG-Sozialrechts sowie diejenigen über die Sozialpolitik i.S. des EG-Rechts (Artt. 117–127, 129 EGV). Dieses Recht ist verbindlich in allen – heute neun, demnächst elf – Amtssprachen, entbehrt mithin einer gemeinsamen einheitlichen Sprache. Daß diese Mehrzüngigkeit des EG-Rechts vor ganz spezifische Auslegungsprobleme stellt, ist offenkundig. Zugleich nötigt sie dazu, in der wissenschaftlichen Befassung mit diesem Rechtsgebiet auch Judikatur und Literatur nicht nur aus den unterschiedlichen Mitgliedstaaten, sondern auch in den unterschiedli-

---

144 Darauf insistiert immer wieder *Häberle,* aaO (Fn. 140)), S. 21 ff., welcher die europäische Rechtskultur „durch die Elemente Geschichtlichkeit, Wissenschaftlichkeit (juristische Dogmatik), Unabhängigkeit der Rechtsprechung, weltanschaulich-konfessionelle Neutralität des Staates (Religionsfreiheit), Vielfalt und Einheit sowie „Partikularität und Universalität" geprägt sieht.

145 *Siehe dazu bereits oben C.IX.2.*

chen Amtssprachen zu berücksichtigen.[146] Dieses Recht ist zugleich aber in einem Maße *ausdifferenziert*, daß „für einzelne Teilgebiete" – zu denen das Europäische koordinierende Sozialrecht, d. h. das Regelwerk VOen (EWG) Nr. 1408/71 und Nr. 574/72 – „nur ganz kleine Gruppen von Spezialisten zuständig sind". Dies macht die Befassung – auch die Erforschung – des EG-Rechts „besonders interessant" . . ., gleichzeitig . . . besonders schwierig.[147]

Die Summe des kraft Gemeinschaftsrechts gemeinschaftsweit – allerdings nur ausnahmsweise – übereinstimmenden und sich im übrigen in zunehmendem Maße annähernden Sozialrechts der Mitgliedstaaten, d. h. das Recht, „*welches aufgrund der Ausstrahlung des Gemeinschaftsrechts auf die Sozialrechtsordnungen der Mitgliedstaaten sowie aufgrund der wechselseitigen Beeinflussung und Befruchtung der Sozialrechtsordnungen der Mitgliedstaaten untereinander entsteht*"[148], mag man seinerseits als *Gemeinschaftssozialrecht* bezeichnen (unter anderem in Parallele zum Begriff des „Gemeinschaftsprivatrechts"[149]). Auch *van Buggenhout* geht von der Existenz eines „*European social security common law*" aus als Inbegriff der „*converging objectives, the common concepts and the coordinating or harmonising provisions that have . . . been enacted by the EC*".[150]

Eine Besonderheit dieses Gemeinschaftssozialrechts stellt der Umstand dar, daß dieses Recht auf der Ebene von Forschung und Lehre derzeit noch manifester ist als im Bereich der Sozialgesetzgebung[151]. Diesem Tatbestand entspricht es, wenn die wirksamste *Interventionsform der Europäischen Union* im Sozialbereich bis dato nicht die *rechtssetzende* (und auch erst recht nicht die *finanzielle*), sondern gleichsam die *mediatorische* ist, die darin besteht, den Austausch von Informatio-

---

146 Dies wird grundsätzlich zu Recht angemahnt von *Pieters, D.*, in: Rechtskundig Weekblad 1994-95, S. 519f. in seiner Rezension der in deutscher Sprache erschienenen, sich an ein deutschsprachiges Publikum wendenden und im wesentlichen auch auf deutschsprachige Sekundärliteratur nur Bezug nehmenden Nomos Kommentar zum Europäischen Sozialrecht, aaO (Fn. 21).

147 So aus rechtssoziologischer Sicht *Bryde, B.-O.*, Europarecht in rechtssoziologischer Perspektive, in: Schäfers (Hg.), aaO (Fn. 137), S. 79ff., 80.

148 Vgl. bereits in diesem Sinne *Schulte, B.*, Auf dem Weg zu einem Europäischen Sozialrecht – Der Beitrag des EuGH zur Entwicklung des Sozialrechts in der Gemeinschaft, in: Europarecht (EuR) 1982, S. 357ff., 358.

149 Vgl. zu dieser Begriffsbildung *Müller-Graff, B.-C.*, Privatrecht und Europäisches Gemeinschaftsrecht. Gemeinschaftsprivatrecht, 2. Aufl., Baden-Baden 1991, insbes. S. 24.

150 Vgl. *Buggenhout, W. van*, Emerging Common European Law in Social Security, in: de Witte, B./Forder, C. (Hg.), The common law of Europe and the future of legal education/Le droit, commun de l'Europe et l'avenir de l'enseignement juridique, Deventer 1992, S. 455ff., 456.

151 Exemplarisch für die Forschungstätitgkeit auf diesem Gebiet ist die Tätigkeit des Europäischen Instituts für Soziale Sicherheit, welches „*Ausblicke und Erfahrungen*" geschaffen hat, „*von denen her wenigstens die Idee entwickelt werden kann, soziale Sicherheit in Europa trotz ihrer unendlichen Komplexität und ihrer stetigen Veränderungen als ein Ganzes zu begreifen*" (so *Zacher, H.*, 25 Jahre Europäisches Institut für Soziale Sicherheit, in: Zeitschrift für ausländisches und internationales Arbeits- und Sozialrecht (ZIAS) 8 (1994), S. 254ff.

nen, Erfahrungen, Beispielen für „good practice“ etc. zwischen den Mitgliedstaaten zu vermitteln.[152]

Pars pro toto sei in diesem Zusammenhang das „Mutual Information System on Social Protection in the Community“ (MISSOC) erwähnt, ein gegenseitiges Informationssystem zur sozialen Sicherheit in der Europäischen Gemeinschaft, welches von der Europäischen Kommission initiiert worden ist und finanziert wird und die wechselseitige Information in den Mitgliedstaaten auch über die sozialrechtliche Entwicklung in den einzelnen Ländern vorhält und damit Kenntnisnahme und wechselseitiges Lernen ermöglicht.[153] Auch das EG-Studienförderungsprogramm ERASMUS bzw. LEONARDO ist in diesem Zusammenhang zu nennen.

Die systematische Erfassung dieses im Werden begriffenen *Gemeinschaftssozialrechts*, seine gedankliche Begleitung und sein Nachvollzug, aber auch sein Vorausdenken gehören zu den zentralen Aufgaben, die das Europäische Gemeinschaftsrecht der Sozialrechtswissenschaft heute und in Zukunft stellt. Sie ist zugleich ein Beitrag zu der gleichfalls notwendigen Annäherung der Europäischen (Sozialrechts-)kulturen.

---

152 Vgl. zu der Bedeutung dieser Form der Intervention auf Gemeinschafts- bzw. Unionsebene *Schulte, B.*, Rolle des Wohlfahrtsstaats, in: Verwilghen, W. (Hg.), The Future of European Social Policy. Options for the European Union (Europäisches Colloquium, Brüssel, 26. – 28. Mai 1994), Leuven 1994, 119 ff.

153 Vgl. jüngst Kommission der EG / MISSOC, Soziale Sicherheit in den Mitgliedstaaten der Gemeinschaft. Stand am 1. Juli 1993 und Entwicklung, Brüssel / Köln 1994.

Kolibri 360 GmbH
Ferdinand-Jühlke-Straße 7
99095 Erfurt, Deutschland
produktsicherheit@kolibri360.de

Druck:
CPI Druckdienstleistungen GmbH
im Auftrag der
Kolibri 360 GmbH
Ferdinand-Jühlke-Str. 7
99095 Erfurt